Savoirs, éthique et grand âge

Bibliothèque
Partage & Vie

Savoirs, éthique et grand âge

Sous la direction de Delphine Langlet et Roger-Pol Droit

avec la participation d'Yves Agid, Joëlle Aufresne, Geneviève Delaisi de Parseval, Éric Fiat, Claude Jeandel, Dana Jourde, Liliane Lepoutre, Dominique Monneron, Anne Moszyk, Anna Perraudin, Jeannine Pépillo et Perla Servan-Schreiber

puf

ISBN 978-2-13-085877-5
Dépôt légal – 1re édition : 2023, novembre

170 bis, boulevard du Montparnasse, 75014 Paris

Introduction

Expériences, éthique et représentations

Delphine Langlet et Roger-Pol Droit

Première évidence : pour bien accompagner des personnes de grand âge, il est indispensable d'acquérir des compétences spécifiques. Bons gestes, bonnes attitudes, bonnes réactions s'apprennent. Sans formation adéquate, sans connaissances pertinentes, pas de professionnels dignes de ce nom.

Deuxième évidence : ces connaissances nécessaires ne sont jamais suffisantes. Parce que les personnes accompagnées sont toutes différentes, les circonstances toujours singulières. État de santé, tempérament, histoire de vie, entourage sont chaque fois dissemblables. Il faut donc adapter, inventer, ajuster.

La place de l'éthique se tient entre ces deux évidences, dans l'espace séparant les savoirs transmis et les initiatives quotidiennes – règles et normes d'un côté, cas particuliers de l'autre. Les deux ne s'opposent pas, mais se complètent, interagissent, progressent ensemble.

Reste à savoir comment. De quelle manière, concrètement, ces ajustements se règlent-ils, au cas par cas, dans les chambres, les salles à manger, les salles de jeu des établissements, dans les relations quotidiennes entre professionnels et personnes accompagnées ? Avec quelles réussites, quels échecs ? Avec quelles certitudes ou quelles perplexités ?

Voilà ce que nous avons voulu commencer à explorer, en donnant le plus possible la parole, dans ce quatrième volume de la Bibliothèque Partage & Vie, à celles et ceux qui sont concernés : directrices ou directeurs d'établissement, infirmières et infirmiers, aides-soignantes, psychologues, médecins, employés... mais aussi personnes accompagnées, résidentes et résidents des Ehpad, sans oublier leurs familles et leurs proches.

Délibérément, nous avons privilégié les entretiens avec des professionnels, mais aussi avec des personnes de grand âge. Nous avons voulu que leurs voix se fassent entendre, que leurs points de vue soient présents – pour deux raisons principales. Si l'on insiste régulièrement sur leur dignité et leur autonomie, comme l'éthique y incite, il devient très étrange de les réduire au silence quand elles peuvent s'exprimer ! Que les personnes accompagnées aient leur mot à dire, leur avis à donner, leur analyse à formuler est à la fois normal et indispensable. D'autre part, dialoguer avec elles revivifie les liens entre générations, trop longtemps rompus ou distendus. Restaurer et amplifier l'intergénérationnel est une tâche majeure. Y contribuer, même modestement, importe.

Cette volonté d'écouter des voix diverses faire le récit de leurs expériences et de leurs découvertes, positives ou négatives, n'a donc rien à voir avec un banal goût de l'anecdote et du « vécu ». Ce choix repose sur les convictions qui animent, depuis le début, la réflexion éthique de Partage & Vie. L'accompagnement et le soin ne sont pas des techniques où il suffit d'appliquer méthodiquement ce qu'on a appris, mais des aventures humaines, où inventions et décisions collectives sont permanentes. Ces situations toujours renouvelées n'opposent pas des professionnels sans émotions à des personnes vulnérables dont il faudrait prendre soin comme on traite des plantes ou des objets fragiles. Des deux côtés se trouvent des êtres humains, vulnérables, sensibles, avec leurs parcours de vie personnels.

C'est de cet environnement humain particulier que l'éthique doit partir. C'est là que se rencontrent les interrogations, les hésitations, les problèmes concrets à surmonter. C'est pourquoi il faut d'abord écouter ces voix, ces témoignages multiples, ces analyses ancrées dans les situations de tous les jours.

PETITES DÉCOUVERTES, CHEMIN COLLECTIF

Ces récits et les questions qu'ils posent conduisent en fait au cœur des interrogations actuelles de la Fondation Partage & Vie, dans une période où la tension sur les ressources humaines est particulièrement vive. Comment nous assurer que les savoirs dont nos professionnels disposent au quotidien sont les plus pertinents pour leur permettre d'accompagner les personnes accueillies de la manière la plus éthique possible ?

La question est d'autant plus importante que la tension présente sur les ressources humaines rend souvent nécessaire de recourir à des salariés non qualifiés.

Nous avons pour devoir de les accompagner dans un parcours de formation, voire de certification et de qualification. Comment bien le faire ? Quels savoirs leur transmettre pour que le climat éthique que nous prônons se retrouve au quotidien dans tous nos établissements et services ?

Les notions d'ajustement, d'adaptation, de sur-mesure, de tact sont ici essentielles. Car l'éthique se soucie des cas individuels, des situations particulières, des solutions conformes à notre conscience morale, alors que les savoirs, entendus comme corpus théoriques, se comprennent davantage comme un ensemble de connaissances stables, établies.

Pour sortir de cette opposition, il faut envisager que les savoirs pratiques, issus de l'expérience, acquis auprès des résidents et des pairs, puissent compléter les enseignements théoriques reçus lors de formations initiales ou continues. C'est pourquoi nous avons voulu mettre l'accent sur les petites découvertes issues de la pratique et de l'expérience. Elles peuvent sembler modestes, elles se révèlent puissamment utiles.

« Ah ! Si j'avais su cela plus tôt, j'aurais évité des erreurs ! » À quel propos diriez-vous cela ? Au sujet de quel geste, quelle attitude, quelle astuce que l'expérience vous a enseigné, et que votre formation n'avait pas prévu ? Ce fut une des questions de départ posée aux membres de la Fondation, lors d'une enquête adressée aux professionnels, dont les thèmes ont été ensuite approfondis lors d'ateliers organisés dans plusieurs établissements.

En effet, comme les précédents, le livre collectif qu'on va lire est issu d'une série de rencontres, de dialogues et d'échanges dont on trouvera en annexe les dates et thèmes, ainsi que de brèves synthèses. Car le travail éthique de Partage & Vie, s'adressant à tous, se veut ouvert aux intelligences de chacun.

L'éthique n'est pas une course en solitaire. Elle ne le sera jamais, et ne peut pas l'être. C'est une construction à plusieurs. Parce que l'accompagnement du grand âge rassemble quantité de personnes – toutes humaines, toutes dissemblables : résidents différents, professionnels de plusieurs spécialités et de divers corps de métiers, soignants ou non, familles et proches aux profils multiples. Ce travail collectif est une invention permanente, une coconstruction qui doit constamment se poursuivre et se réélaborer pour améliorer l'accompagnement.

C'est pourquoi, autant que faire se peut, nous multiplions les échanges – au fil des enquêtes, ateliers et rencontres déjà évoqués, ainsi qu'au cours des Estivales : des tables rondes rassemblant chaque année, à la Maison de la Chimie, en partenariat avec le magazine *Le Point*, professionnels et personnalités reconnues.

Ce volume prolonge ces travaux collectifs et en rassemble les résultats. Il s'articule en trois volets, entrecoupés de quelques sélections thématiques de paroles recueillies au cours d'une année de travail.

UNE SITUATION SANS PRÉCÉDENT

La première partie met en lumière des expériences acquises sur le terrain et des réflexions nées de l'exercice de l'accompagnement, comme autant de découvertes en terre inconnue. Car la situation est sans précédent, il faut y insister. Si les professionnels font preuve d'une immense bonne volonté, s'ils ont une conscience très vive de vouloir faire au mieux, ils ne savent pas toujours de quelle façon s'y prendre !

Et l'avancée en âge, parce qu'elle diffère pour chacun, selon les capacités que l'on préserve ou les vulnérabilités qui émergent, selon les relations sociales ou familiales que l'on maintient ou pas, selon les épreuves de la vie que l'on a traversées, etc., reste éminemment intime, imprévisible, inconnue. On pourrait se demander plus tôt dans sa vie : serai-je dépendant un jour ? Qu'est-ce que je ferai lorsque ma capacité à être actif, performant s'atténuera ? Comment considérerai-je mon rapport à l'autre quand celui-ci se substituera à moi pour faire ce que je ne peux plus (aussi bien) faire ? En fait, l'expérience de ces vulnérabilités progressives se découvre, pour une grande part, lorsqu'elles adviennent. « L'âge s'empare de nous par surprise », écrit Goethe, cité par Simone de Beauvoir dans *La Vieillesse*.

En effet, nous avançons tous, pour une part, *en terre inconnue*. Jamais, dans toute l'histoire des sociétés humaines, la population de personnes très âgées n'a été aussi importante, ni son accroissement aussi rapide. Dès lors, le nombre de personnes dépendantes, même s'il est minoritaire, s'accroît et va s'accroître en proportion, pour atteindre des chiffres jamais vus.

Très schématiquement, la situation pourrait se résumer ainsi : d'un côté, les savoirs relatifs au grand âge ont connu, ces dernières décennies, des progrès considérables, et leur diffusion ne cesse de progresser, même s'il reste toujours à faire, dans la recherche, dans l'enseignement, dans les formations. D'un autre côté, l'application de ces savoirs divers (médicaux, psychologiques, organisationnels) se confronte à une série de difficultés : accroissement du nombre de résidents, ajustement des connaissances et des décisions au cas singulier de chaque personne accompagnée, sans oublier, comme cela a déjà été mentionné, le manque de professionnels qualifiés qui conduit à embaucher, sur certains postes, du personnel n'ayant pas encore reçu de formation spécifique.

C'est pourquoi nous avons choisi de commencer par mettre en lumière les expériences et découvertes des professionnels aussi bien que des personnes accompagnées, pour mieux approcher ce que chacun éprouve, espère ou redoute – à tort ou à raison. Avec l'idée que ces sentiments ne sont évidemment pas séparables de la mise en œuvre des savoirs acquis.

Car il ne s'agit à aucun moment de faire pencher la balance d'un côté ou de l'autre. Inutile de donner la primauté aux affects, à l'empathie, à la spontanéité : les connaissances sont indispensables. Inutile également de refuser toute sensibilité, au profit de gestes uniquement techniques, calibrés, efficaces : humanité, échanges, sur-mesure sont eux aussi indispensables. La question clé est l'équilibre entre ces deux versants de l'action. Seul cet équilibre permet une action éthique.

DES SAVOIRS BIEN TEMPÉRÉS

Comment l'atteindre ? D'abord en rappelant les savoirs indispensables, et la bonne manière de les aborder. La deuxième partie de ce volume est consacrée à cette question. Il ne s'agit évidemment pas d'y passer en revue tout ce qu'il y a à connaître, ni de se substituer aux formations dispensées à l'université et dans les institutions spécialisées. L'objectif est plutôt de rappeler quelques cadres essentiels pour aborder le vieillissement dans une perspective éthique et médicale, neurologique et psychologique qui englobe les connaissances dans des repères sûrs. Les experts qui interviennent dans cette deuxième partie le font en mettant leur savoir à la portée du plus grand nombre, par des explications toujours claires.

Mais jamais dogmatiques ni assénées comme des vérités intangibles, qu'il faudrait appliquer sans discussion ni réflexion. En effet, la « conviction de savoir » peut devenir à son tour un piège. « J'ai été formé(e), je suis qualifié(e), je sais comment agir… » ; cela constitue une force, évidemment, mais aussi, paradoxalement, une faiblesse. Le savoir peut induire des effets d'arrogance, engendrer une impression de certitude qui rendra sourd ou aveugle à une plainte, une demande, une situation particulière. La conviction de détenir la légitimité peut empêcher de s'interroger sur la pertinence de ce qu'on fait, sur le bien-fondé des réponses qu'on apporte. « Ce n'est pas le doute qui rend fou, c'est la certitude », disait Nietzsche. Les professionnels doivent donc travailler également à cultiver le doute, à reconnaître leur ignorance, pour inventer des solutions au cas par cas, au lieu de toujours « croire savoir ».

Attention ! Il faut le répéter : pas question de suggérer qu'il vaudrait mieux ne rien savoir, ou encore faire confiance à son cœur, uniquement, plutôt qu'à sa raison. Il s'agit au contraire de *réfléchir ensemble* à ce qu'on pourrait appeler *une dialectique des savoirs et des improvisations*. Les connaissances sont indispensables, mais les ajustements permanents le sont tout autant. Être sûr de soi est fondamental, mais être humble l'est également. Les deux entrent évidemment en tension, mais c'est dans cet espace, précisément, que travaille l'éthique, répétons-le. Car l'éthique tente justement de rendre habitable, humainement, cette « terre inconnue » qui sépare les savoirs généraux et les singularités réelles de chacun. Par quels moyens ? L'écoute, la concertation, la réflexion collective... entre autres.

En nous demandant quels savoirs favorisent les comportements et attitudes d'un accompagnement éthiques, nous avons été conduits à nous interroger sur ce qui les entrave. Quels sont les principaux obstacles à l'application des savoirs ? Qu'est-ce qui retarde ou amoindrit leur mise en œuvre, et donc perturbe ou diminue un bon accompagnement ? Sans doute existe-t-il de multiples réponses possibles, allant des embarras de la bureaucratie aux insuffisances de la législation, en passant par les lacunes du système éducatif ou par l'évolution des mœurs.

Malgré tout, en poursuivant cheminement et discussions, le constat s'est imposé : le principal obstacle

– massif, omniprésent, multiforme, mais pas toujours directement visible – est constitué par l'idée qu'on se fait, ou qu'on ne se fait pas, du grand âge, la manière que nous avons de le concevoir, les idées toutes faites ancrées en nous à son propos, parfois à notre insu.

COMMENT SE REPRÉSENTER LE GRAND ÂGE ?

La question du grand âge devrait résonner puissamment en chacun de nous, et nous conduire à raisonner. En effet, sauf accident, nous sommes désormais tous amenés à vivre de plus en plus vieux, éventuellement jusqu'à devenir dépendants. Nous allons tous être ainsi confrontés non seulement à notre propre avancée en âge mais également à celle de nos proches. Or nous persistons à ne pas y penser, à faire comme si cette situation massive n'existait pas, comme si nous n'avions rien à prévoir, à savoir ni à faire.

L'âgisme qui règne dans nos cultures fait de cet horizon de la vieillesse un état à retarder sans cesse, plutôt qu'à préparer. Nos représentations collectives du grand âge demeurent constituées de peurs, de fantasmes et d'idées préconçues. L'institutionnalisation de la dépendance a en outre contribué à accentuer cette tendance, en plaçant la dépendance hors du champ de vision quotidien d'une partie de la société.

C'est pourquoi nous avons choisi de consacrer la troisième partie de ce volume aux idées fausses à combattre et aux préjugés à dissoudre. Car ces idées préconçues créent des biais, des difficultés ou des tensions, avec les personnes accueillies ou leurs proches, lorsque les gestionnaires d'établissements médicosociaux les accueillent à un moment charnière de leur vie. En constatant cet impact des représentations de la vieillesse et du grand âge sur les jugements et les actions, il nous est apparu que cet ensemble de questions ne constituait pas une autre réflexion, mais bien *l'autre face du même sujet.*

En effet, ce qu'on dit ou ne dit pas des « vieux », ce qu'on en pense ou *ne peut pas* en penser, les images que nous avons en tête – en fonction de notre éducation, de la configuration de notre époque, de ses obsessions ou de ses dégoûts –, tout cela joue, directement, sur l'application de nos connaissances et sur nos capacités de compréhension et d'action éthique.

Si nous parlons du grand âge aujourd'hui en termes de « terre inconnue », il convient d'ajouter qu'une grande partie de notre ignorance collective résulte des représentations que nous nous faisons, actuellement, de la vieillesse. Interroger ces représentations, ou plutôt ces non-représentations, et si possible, peu à peu, les transformer, constitue bien une tâche inséparable de l'action éthique quotidienne.

Encore faut-il commencer à prendre conscience de l'existence de ces préjugés, de ces exclusions, de ces dévalorisations parfois si courantes qu'elles semblent « normales ». Une fois qu'on commence à les repérer, il faut en comprendre les sources, en mesurer les conséquences, chercher par quelles actions y remédier. Nous avons tenté de faire quelques pas dans cette direction.

Comme on va le constater, le parcours n'est pas clos. Il reste ouvert. À chacun de le prolonger et de l'enrichir de ses propres réflexions, expériences et connaissances. Si ce livre incite à ce mouvement, il aura rempli son rôle.

Paroles entendues

« Ce que j'aurais voulu savoir à ma première prise de poste, c'est que JE NE SAIS RIEN et que même après vingt ans de carrière, j'apprendrais tous les jours. J'appendrais sur les personnes qu'on accompagne, sur mes équipes et mes collègues, sur moi-même, sur mes pratiques ; chaque jour je requestionnerais mes certitudes de la veille, et je m'en enrichirais tous les jours. Et c'est si enthousiasmant ! »

« Ce que j'ai découvert et continue à découvrir dans ma pratique, c'est la singularité de chaque personne. Sa singularité de parcours de vie et de fin de vie, sa singularité relationnelle, son vécu singulier de la maladie, de la dépendance, de la douleur, des pertes, des deuils, des liens et des attachements, sa façon singulière de se délier de la vie. J'ai découvert, par expérience, qu'il n'y a pas de mode opératoire applicable en fonction de ceci ou de cela, j'ai appris que tout est à construire et à déconstruire avec la personne, au jour le jour. »

Directrice de l'Institut de formation
de Partage & Vie

« Une personne âgée est une personne à part entière avec son histoire de vie. »

Cadre infirmier dans une résidence autonomie
de Partage & Vie

Première partie

Découvertes en terre inconnue

Présentation
Avec les autres et avec soi-même

Il paraît qu'un étudiant demanda un jour à Margaret Mead, grande anthropologue américaine du milieu du XXe siècle, quel signe tangible marquait, à ses yeux, le début de la civilisation. Sa réponse ne mentionna ni la maîtrise du feu, ni la taille des silex, ni l'apparition des premières sépultures. Elle choisit plutôt l'existence d'un fémur fracturé et guéri. Parce que, expliqua-t-elle, une fracture de ce type, dans un environnement sauvage, entraîne une mort rapide et certaine, faute de pouvoir se défendre contre les prédateurs ou d'aller chercher de l'eau pour survivre. Si le blessé n'est pas mort, s'il a pu cicatriser, c'est qu'il a pu être accompagné, protégé, nourri. Autour de lui s'est formé un réseau d'entraide, une surveillance collective, une solidarité. Voilà ce qui marque la naissance d'un monde humain.

Personne ne sait, pour tout dire, si cette réponse est rigoureusement authentique. En fait, cela n'a guère d'importance. L'essentiel à retenir est cette idée : l'accompagnement symbolise l'existence même de l'éthique. Or cette idée ne cesse de se réinventer et de se concrétiser différemment. Aujourd'hui, l'accompagnement du grand âge devient son principal chantier.

C'est là que se tissent savoirs, éthique et parcours de vie, réflexions et sentiments, application des connaissances et inventions de gestes spécifiques. Il faut mettre en lumière cet entrecroisement.

Que se passe-t-il au juste, chez les êtres humains, quand ils prennent soin les uns des autres ? La question n'est pas facile, mais elle n'est pas simplement théorique. C'est en nous entraidant, en nous montrant solidaires, attentionnés, attentifs, que nous inventons l'univers où nous vivons ensemble. Il en va de même, quotidiennement, dans l'accompagnement des personnes de grand âge. Mais ce sont des métiers encore nouveaux, confrontés chaque jour à des situations souvent inédites.

Ce que nous rencontrons, dans les parcours personnels qu'on va lire, ce ne sont pas simplement des trajets individuels. Plutôt des exemples qui parlent à tous. Les émotions éprouvées, les étonnements ressentis, les relations tissées ne concernent pas uniquement les personnes qui témoignent ici. Au contraire, chacun peut retrouver, dans leurs récits, des traits de son propre vécu, des interrogations familières, des intuitions déjà entrevues.

C'est par le témoignage rédigé par une aide-soignante de Partage & Vie que s'ouvre cette première partie. Parce que Joëlle Aufresne travaille aujourd'hui auprès des personnes âgées par choix, et non par hasard. Elle faisait, comme elle l'explique, un tout autre métier, rémunérateur, certes, mais qui a fini par lui paraître insatisfaisant. En accompagnant des personnes âgées, dont certaines souffrent de pathologies invalidantes, elle a découvert un univers humain dont elle ne soupçonnait ni la richesse ni les subtilités et où sa vie prend désormais un autre sens.

En expliquant sa formation, et ce que lui ont apporté les compétences acquises, elle nous fait mieux comprendre à quel point les gestes « techniques » et les attitudes affectives s'entrelacent inextricablement. Son témoignage met ainsi sur la piste d'une vérité éthique importante : découverte de soi et découverte des autres marchent d'un même pas. La « terre inconnue » que l'on explore s'appelle bien entendu « grand âge » et « personnes dépendantes », mais elle se nomme également « soi-même ». En portant soin aux autres, en respectant leurs comportements, en découvrant les dilemmes éthiques qu'ils soulèvent, c'est aussi sa propre vie et sa personnalité que l'on découvre. Parfois avec surprise.

C'est ce que confirme Dana Jourde, directrice de l'Institut de formation de Partage & Vie, que Joëlle Aufresne a fréquenté. Pour elle aussi, le parcours personnel dépasse la question de l'intime et de l'affectif, et débouche sur une réflexion et une action qui se veulent à la fois éthiques et pratiques. Ce qui a d'abord marqué Dana Jourde, alors qu'elle était une jeune professionnelle de l'aide sociale, ce fut le contraste brutal entre le maquis des textes et des dossiers, où elle avait appris à se repérer pour guider les autres, et la détresse de ces femmes et de ces hommes qui défilaient en larmes dans son bureau. À cette réalité, rien ne l'avait préparée.

Rien ne l'avait formée non plus à l'inertie des équipes, à la force de résistance des habitudes prises, même quand elles sont mauvaises. Devenue directrice d'Ehpad, elle a découvert comment des règles inutiles, ou même néfastes, étaient maintenues simplement parce que « c'est ainsi qu'on a toujours fait », et qu'il semble perturbant de changer. Forte de ces constats, elle a voulu en savoir plus, mieux comprendre pour évoluer, et finalement contribuer à mieux former les autres.

Qu'apprennent aujourd'hui les nombreux professionnels de toutes catégories qui viennent se perfectionner sous sa direction à l'Institut de formation de Partage & Vie ? Des manières d'être autant que des savoir-faire, une culture de la confiance et de l'humilité, une remise en cause des certitudes autant qu'une écoute de ses propres affects. En un mot : un respect de l'autre qui passe par le respect de soi.

Ce respect mutuel s'incarne aussi dans les dialogues entre générations. C'est pourquoi nous avons voulu leur donner une place importante. Écouter ce qu'ont à dire les personnes de grand âge est essentiel, puisque leur parole témoigne de leur autonomie et de leur réflexion. Leur répondre, les questionner, échanger avec elles, est sans doute plus important encore, car cette parole intergénérationnelle atteste d'une reconnaissance réciproque des personnes qui constitue le fondement même de l'éthique. Elle rappelle aussi ce constat de base : l'éthique n'est jamais « chez » quelqu'un, dans les mots ou les gestes d'une personne, elle existe toujours « entre » – dans les relations.

À 90 ans, Liliane Lepoutre porte sur le grand âge un regard à la fois étonné, amusé, désabusé, indulgent et attentif. Elle compare le statut des personnes âgées dans sa jeunesse et aujourd'hui, en répondant aux questions d'Anne Moszyk, la directrice de l'établissement où elle habite. Celle-ci répond à son tour aux interrogations de la résidente. Elles comparent leurs itinéraires de vie, leurs perceptions respectives du vieillissement et des changements de regard de notre société sur la vieillesse.

Là encore, la question de l'anticipation se révèle cruciale. Le grand âge se découvre individuellement, au fur et à mesure des années qui passent, plus qu'il ne peut se prévoir en détail. Malgré tout, ne rien anticiper est la plus néfaste des attitudes. Il demeure indispensable de préparer sa propre vieillesse, son voyage personnel en terre inconnue, tout comme il est nécessaire que les politiques publiques se préoccupent attentivement du grand âge et des mutations multiples qu'entraînent les changements de la démographie.

C'est bien la jonction de cet entraînement personnel et des évolutions globales de la société qu'explore, à sa manière, le dialogue entre Delphine Langlet, directrice générale de Partage & Vie, et sa tante, Jeannine Pépillo, 80 ans passé, infirmière retraitée. Cette dernière a travaillé, dans le cadre d'une recherche en gérontologie sociale, sur l'apprentissage intime du temps libre au cours de l'existence. Comment ce temps délivré des contraintes du travail et des prescriptions sociales est-il appréhendé, apprivoisé, rempli ou non, au cours des différentes étapes de la vie ?

Plus encore : comment l'entrée dans le temps de la retraite, puis l'arrivée dans un vécu de la temporalité dépourvu des cadres quotidiens habituels (courses, cuisines, sorties…) confrontent-elles les individus à un remaniement profond de leurs repères ? Quelle conversion intime devient indispensable ? Comment peut-on s'y préparer ? Ces interrogations montrent que l'évolution du travail dans la société, loin d'être une question purement économique, implique des métamorphoses existentielles. Celles-ci soulèvent à leur tour des questions d'ordre philosophique, voire spirituel.

On l'a compris : derrière anecdotes, vécu, souvenirs personnels et parcours individuels, ce sont bien des expériences utiles et des réflexions fécondes qui se transmettent. Toutes disent, avec leur voix propre, que les voyages vers les autres ont lieu aussi en soi-même, que les découvertes sont externes et internes, et que se connaître, comme l'expliquait déjà Socrate, permet de devenir meilleur, et donc d'agir mieux. Même si le mot n'est pas constamment répété, c'est d'éthique qu'il ne cesse d'être question.

Parcours et expériences d'une aide-soignante

Joëlle Aufresne, aide-soignante

Lorsque mes enfants m'ont fait remarquer que j'avais fait des dizaines de fois le tour de la Terre sans partir de chez moi, cela m'avait fait sourire. Au volant de mon taxi, « j'avalais du bitume », comme disent les professionnels de la route. Cette situation me convenait. Elle me convenait, j'insiste, mais est-ce qu'elle me correspondait ?

J'avais des revenus confortables, qui me permettaient d'accompagner et de soutenir les enfants dans leurs parcours d'étudiants. Cette seule motivation m'encourageait à continuer. Puis vint la suite logique de la fin des études, une nouvelle vie pour les enfants, leur émancipation financière et familiale...

Allais-je continuer à faire le tour de la Terre sans partir de chez moi ? Ou allais-je enfin réfléchir à ce que pourrait être une vie professionnelle qui me correspondait ?

J'ai très vite pensé aux soins, à l'accompagnement de personnes fragiles ou en difficulté. Cette évidence s'est imposée à moi. Comment n'y avais-je pas pensé plus tôt ? Parce que ce n'était pas le bon moment pour moi, probablement.

Ma décision prise, je me reconvertis. J'assume ma crise existentielle de la cinquantaine.

Mais le doute s'installe. Reprendre des études, découvrir un nouveau métier… À mon âge, n'était-il pas trop tard ? J'étais angoissée, l'inconnu m'effrayait véritablement. Est-ce que cette prise de conscience allait mettre un terme à mes ambitions ?

Il y eut un petit coup de pouce du destin. Malgré mes angoisses, je saisis l'opportunité de mettre un pied à l'étrier en acceptant des remplacements à pourvoir dans une MAS (maison d'accueil spécialisée). Les premiers temps, je travaille en binôme comme surveillante de nuit, puis j'occupe tous les postes vacants, de maîtresse de maison à agent de service et j'apprends à effectuer quelques soins lors de remplacements d'aide-soignante.

Je sais vite que je suis à ma place ici. J'ai moins peur, même si le parcours ne fait que commencer. Ce monde m'apporte une immense satisfaction personnelle, mais je sens bien qu'il me manque des clefs, des outils pour mieux accompagner les résidents. Ces changements permanents de postes m'aident à m'adapter à de nouvelles fonctions, à m'immerger dans le domaine du soin, à acquérir une première expérience, mais je me sens frustrée, car empêchée d'évoluer véritablement.

Je suis chanceuse, en vérité, car un deuxième petit coup de pouce du destin m'ouvre les portes d'un CDI en tant qu'agent de soins dans un établissement de la Fondation Partage & Vie. J'avais besoin de cette stabilité pour m'ancrer, comprendre, réfléchir, évoluer…

Les premiers jours, je suis « en doublure » avec une aide-soignante qualifiée. Je l'observe, je l'écoute, et je prends des notes, plein de notes. Les informations sont nombreuses et je ne veux rien oublier de ce qu'elle m'enseigne et me transmet.

Puis c'est le grand bain, j'occupe mon poste ! J'ai tout à inventer, à créer, à apprendre encore et toujours ! Travailler au contact de femmes et d'hommes nous demande de nous renouveler et de nous adapter sans cesse ! Adieu les journées monotones et prévisibles...

J'ai vite compris que si je souhaitais accompagner au mieux les habitants, je devais connaître leurs histoires de vie, leurs parcours, leurs difficultés. J'ai donc lu avec grand intérêt leurs PAI (projets d'accompagnement individualisé). Ils sont renseignés par la famille lors de l'entrée d'un habitant en établissement. J'ai eu plusieurs fois, par la suite, des entretiens avec la famille d'un nouvel habitant dont j'étais la référente.

Cet échange de renseignements permet aussi à la famille de sentir que l'on accueille avec intérêt son parent, que l'on prend en considération ses désirs, ses besoins mais aussi les difficultés qu'il rencontre ; et surtout d'éprouver que nous sommes partenaires dans la relation. L'entrée en établissement d'un parent peut faire naître chez les enfants des sentiments de culpabilité, de renoncement. Pour certains, il s'agit aussi d'accepter la perte de la maison familiale. Tous les repères sont évaporés, les relations modifiées. Nous nous devons d'accompagner les habitants mais aussi leurs familles dans cette vie nouvelle pour les uns et les autres.

Le projet d'accompagnement individualisé est officiellement réactualisé tous les ans lors d'une réunion avec les professionnels de santé et l'habitant lui-même, s'il le désire. Nous définissons ensemble des objectifs en lien avec son bien-être et son épanouissement.

Ce projet sera nourri régulièrement, pour être affiné, grâce à nos observations et transmissions, au plus près des besoins et désirs de l'habitant, qui évoluent avec le temps.

Les transmissions ont trois fonctions essentielles : surveiller, alerter et évaluer. Leur intérêt est de fournir rapidement des informations sur un habitant. Pour les soignants, elles permettent d'améliorer le travail d'équipe, l'aide à la dispensation et à la coordination des soins, ainsi que la réactualisation des pratiques de soins. Pour l'habitant, elles améliorent la qualité et la continuité des soins. Ce que j'apprécie dans cette réflexion collégiale, c'est que nous respectons le fait que les choix, les désirs, les besoins de l'habitant puissent changer, et nous nous adaptons. Rien n'est inscrit dans le marbre, pas encore...

Parce que la vie continue après l'entrée en établissement... Oui, la vie continue, j'en ai été témoin chaque jour ! Et je me suis demandé comment je pouvais m'intégrer à cette dynamique, comment je pouvais entrer mieux encore en relation avec les habitants pour créer du lien, notre lien...

Ce furent d'abord les activités du quotidien, activités manuelles mais pas inutiles, activités ciblées, qui ont un sens pour la personne qui les exécute. Alors je teste, je m'approche doucement, je tâtonne... et je trouve ! Des créations de bijoux pour des habitantes, de la lecture, du théâtre pour d'autres, du langage des signes pour tous (car on apprend toujours et à tout âge malgré les difficultés de santé) et des habitants qui regardent, qui observent, qui ne souhaitent ou ne peuvent pas participer mais qui sont là, avec nous, et partagent ce moment. Le lien nous relie, là encore.

Tisser, créer du lien, mais pourquoi ? Quel est le rapport entre les activités et les soins d'hygiène ? Je vous assure que je l'ai vite compris, et sans l'apprendre dans les livres !

Le lien, ce lien, cette proximité, cette attention portée l'un à l'autre m'a ouvert des portes que je pensais condamnées. *Ne pas faire de suppositions.*

Lors des premières semaines de ma prise de poste, j'ai souvent rencontré des refus de soins, et je me suis sentie en difficulté mais cela n'a pas remis en cause mon engagement. *Ne pas en faire une affaire personnelle.*

Puis au fil des jours, au fil des instants passés ensemble, au fil des rires et des connivences, les portes s'ouvrent, le lien devient vivant, palpable, et les soins d'hygiène sont mieux acceptés, car la confiance, la reconnaissance s'invitent avec nous dans les moments d'intimité. *Faire toujours de son mieux.*

Et si, parfois, pour une chose que je n'ai pas anticipée ou comprise, la situation m'échappe, je me sens plus sereine envers un refus de soin. Je réfléchis à ce qu'il s'est passé, je communique : « Je vous comprends, je peux revenir plus tard… » *Avoir une parole impeccable.*

Avoir une parole impeccable, pour entrer en relation avec l'autre. Cela, je l'ai appris dans les livres, ou plutôt en formation. Et cet apprentissage m'a ouvert un champ des possibles. Comment je m'adresse à l'autre, quel est le ton que j'emploie, quels sont mon attitude, ma posture, mes gestes, mon regard… Quelle est ma disponibilité pour entrer en relation avec l'autre, est-ce le bon moment ? Le bon endroit ?

Si je veux appliquer ces méthodes de communication, je ne dois pas être dans le jugement du comportement des habitants. Même si l'on ne peut jamais se mettre entièrement à la place de l'autre, j'éprouve une sincère empathie, et cela m'aide justement à définir les limites de ma mission. Je sais que j'agis dans un cadre et qu'à l'intérieur de celui-ci, je peux échouer, je peux renoncer, je peux passer le relais, je peux compter sur l'expertise de mes collègues aides-soignantes, infirmières… Je ne suis pas seule.

D'où l'importance de l'équipe, de la cohésion d'équipe, de l'entraide et du soutien que l'on peut s'apporter, des regards croisés qui mettent en valeur l'expérience de chacune.

Il faut garder en tête cette habitude de se questionner et de se demander ce qui est en jeu pour l'habitant, chercher comment je peux l'amener à accepter des soins (hygiène, mobilisation…) afin que ces moments soient les plus agréables et les plus consentis possibles. Car le soin est avant tout mon cœur de métier, et mon rôle est aussi de veiller à une stabilité de l'état de santé général des habitants.

Alors, je les observe. Et comme j'ai la chance d'avoir un poste stable, je les connais bien. Je repère très vite une modification d'attitude, de comportement, car j'aime les regarder vivre. Les expressions du visage sont très importantes pour s'exprimer chez des personnes en difficulté, et je repère ces changements assez vite. Ce qui est amusant c'est qu'eux aussi, je crois, me regardent évoluer dans mon poste de travail, car ils me connaissent vraiment très bien aussi ! Les habitants possèdent une capacité d'observation incroyable. Ils voient tout de suite si je suis fatiguée ou contrariée.

Lorsque j'observe une modification dans le comportement de l'habitant, je fais appel à mon expérience de terrain, mon intuition, mon intérêt pour eux, et aux informations acquises en formation. Je fais une transmission écrite afin de laisser une trace de mon observation.

Les connaissances concernant le vieillissement physiologique sont importantes, car il y a un affaiblissement des fonctions physiques et des facultés mentales de l'habitant, même s'il existe une véritable inégalité face au vieillissement. Il est pertinent pour moi d'avoir ces notions de base, afin d'adapter ma prise en soins, de respecter les difficultés que rencontre l'habitant, de m'appuyer sur ses capacités restantes et de préserver son autonomie.

La connaissance du vieillissement pathologique s'impose au soignant, car il s'agit de repérer des signes d'une affection qui peut avoir des conséquences graves pour l'habitant – d'où l'extrême nécessité d'acquérir des notions sur les pathologies liées au grand âge. Car comment avoir la bonne attitude, si l'on ne comprend pas ce qui se passe pour l'habitant, si l'on n'a pas l'information pour réfléchir, réagir et parfois très vite ?

Ce qui m'a le plus touchée lors de formations (et que l'on aborde moins au quotidien, je trouve), c'est l'approche des conséquences psychologiques du vieillissement. Cette période peut être ressentie comme une humiliation, une déchéance progressive de l'intégrité de soi dans le monde social et familial. Cela entraîne de nombreux symptômes psychologiques dont il faut tenir compte (l'angoisse, l'agressivité, le repli sur soi, l'apathie, la confusion mentale...). Ils peuvent être sources de douleurs psychogènes qui sont de véritables douleurs, et je sais qu'une personne qui souffre a plus de difficultés à verbaliser son ressenti. Or si elle communique peu, ou pas, comment puis-je lui venir en aide ?

Il y a vraiment un exercice que j'ai adoré lors d'une formation : comment définiriez-vous l'habitant idéal ? Comment définiriez-vous le soignant idéal ? L'habitant idéal était facile à définir : une personne relativement autonome, toujours conciliante, polie, agréable, de bonne humeur... Le soignant idéal, facile aussi : une personne rapide, bienveillante, qui respecte l'intégrité, la pudeur, l'autonomie de l'habitant...

Et j'ai réfléchi, je me suis imaginée devant la porte d'une chambre, la main prête à frapper pour entrer chez l'habitant. Comment voudrait-il que je sois ? De quoi aura-t-il besoin et envie aujourd'hui ? Comment se sentira-t-il ? Bien ? Douloureux ?

Et là, je m'adapte dès que je franchis le pas de la porte après qu'il m'a invitée à entrer. J'évalue rapidement son état psychologique et physiologique, je guette un sourire, une parole, une expression du visage qui m'indiquera quelle posture adopter, quelles paroles prononcer, quelle aide apporter.

Je suis toujours moi, au fond, mais je deviens surtout ce qu'il attend que je sois pour lui.

Petit exemple concret : je prends soin d'une résidente qui est atteinte de bradypsychie, c'est-à-dire de ralentissement du rythme de la pensée. Je sais d'emblée que l'accompagnement peut être long, ce qui peut me mettre en difficulté, car il faut parfois que je la convainque d'accepter les soins. Mais cela, c'était avant que je me positionne en « soignant idéal »... J'ai analysé les habitudes de vie de cette habitante et je me suis efforcée de ne jamais la mettre en difficulté, de ne pas lui poser plusieurs questions successives. Chaque question doit attendre sa réponse, sinon les informations se bousculent dans son esprit, et elle me répond qu'elle ne sait pas. Je lui parle avec douceur et la rassure, je l'accompagne physiquement dès que je lui demande de se mobiliser, je la soutiens par le bras ou je pose ma main dans son dos, elle sent ma présence et sait qu'elle est en sécurité. Je l'accompagne dans son autonomie, car elle a tendance à souhaiter que je fasse les choses à sa place, alors je l'encourage, et surtout je la félicite parce qu'elle prend bien soin d'elle. Je connais ses centres d'intérêt et j'entame la conversation sur ces sujets. Je sens sa satisfaction dans cet échange, elle est souriante. Alors certes, les soins restent un peu longs (moins qu'avant, du fait de la stimulation à retrouver une certaine autonomie, par exemple lorsqu'elle se brosse les dents, je peux m'occuper de la réfection de son lit, les choix qu'elle fait sont plus rapides car je ne lui pose plus deux questions à la suite...) ; mais je ne suis plus confrontée à des refus de soins de sa part et, surtout, ces soins sont agréables pour elle.

Au fil des années passées auprès des habitants, tout s'articule autour de mon expérience personnelle de vie, de mon engagement, des connaissances acquises lors de formations qui me permettent de faire le lien avec les difficultés que je rencontre et de renforcer ma pratique au quotidien. J'ai entamé il y a quelques années une validation des acquis de l'expérience que j'ai terminée avec succès. Je suis aide-soignante ! Je suis dans une période réellement satisfaisante.

J'ai conscience aussi des limites qui sont les miennes dans l'accomplissement de ma mission. Si je veux être responsable, efficace, présente, disponible, j'ai besoin de respecter la ligne rouge que je ne m'autorise pas à franchir – celle de l'empathie excessive. Je ne suis qu'un être humain accompagnant d'autres êtres humains en difficulté. Je n'éprouve pas de sentiments de toute-puissance. Je reste humble devant la mission qui est la mienne, tout en ayant conscience de la responsabilité importante qui m'incombe. Nos idéaux sont sources de motivation importante, mais s'ils sont trop décalés de la réalité, ils peuvent être sources d'épuisement.

Si je veux continuer à prendre soin des autres, je dois d'abord prendre soin de moi. Trouver l'équilibre nécessaire entre ma vie professionnelle, personnelle et sociale. Cette réalisation de soi est un exercice parfois délicat, mais quelle expérience ! C'est pourquoi j'encourage vraiment les hommes et les femmes à se questionner sur le sens de leur vie professionnelle, et peut-être à venir nous rejoindre...

« Pour accompagner, la confiance se construit et s'entretient »

Entretien avec Dana Jourde,
directrice de l'Institut de formation
de Partage & Vie

Le partage des connaissances est pour vous essentiel, puisque vous êtes responsable de l'Institut de formation de Partage & Vie, qui organise une grande diversité de stages thématiques pour les différentes catégories de personnels de la Fondation. Pourtant, vous insistez souvent sur le fait qu'il est essentiel de commencer par reconnaître son ignorance. Pourquoi ?

Dana Jourde – Parce que les savoirs académiques que l'on acquiert au cours d'études universitaires, ou de formations techniques ciblées, peuvent donner l'impression que l'on détient d'emblée, à coup sûr, la bonne solution pour accompagner une personne. On risque alors d'oublier qu'il y a toujours un écart entre la théorie et la pratique, entre l'idéal, que l'on apprend à la bibliothèque et vers lequel il faut tendre constamment, et la réalité.

Si l'on croit que les diplômes que l'on a obtenus nous donnent par avance les réponses « clés en main » aux questions de la vraie vie, on se trompe gravement. Et l'on risque de commettre des erreurs, avec des conséquences dommageables pour les personnes.

Voilà pourquoi je crois qu'il vaut mieux commencer par « savoir qu'on ne sait rien », comme disait Socrate, c'est-à-dire reconnaître la fragilité et les limites de ses connaissances, plutôt que d'être assurés, et rassurés, par leur solidité.

Cela veut-il dire que vous faites l'éloge de l'ignorance, par opposition aux formations qui reposent sur des disciplines confirmées ?

D. J. – Pas du tout ! Les connaissances objectives sont indispensables, il faut évidemment les acquérir, quel que soit le domaine où l'on veut travailler. Mais, si l'on veut accompagner les personnes de la meilleure manière, de façon éthique, en tenant compte des particularités de chacune, il ne faut pas se laisser enfermer par ce qu'on a appris.

Je crois que pour accompagner avec éthique, nous devons pratiquer en conscience – faire constamment des allers-retours entre la théorie et la pratique. Comme dit Francisco Varela, « théoriser sa pratique et pratiquer sa théorie ».

Qu'est-ce qui vous a conduit à cette vision des choses ?

D. J. – D'abord mon propre parcours, depuis plus d'une vingtaine d'années. J'ai fait des études en économie et en gestion, et je me suis spécialisée dans l'économie de la santé, de la protection sociale et du vieillissement, avec l'intention de travailler dans le secteur de la santé et du grand âge.

J'étais très motivée et pensais être vraiment bien préparée à mon métier. Je me croyais parfaitement outillée pour mener à bien ma mission, grâce à un beau bagage cognitif et à l'intégrité de mes motivations.

Au cours de ma première mission sur le terrain, à 23 ans, j'ai vécu un vrai choc, qui a sans doute été le déclic de mes réflexions par la suite.

Je devais aider des personnes âgées à se repérer dans le maquis des aides auxquelles elles pouvaient prétendre en fonction de leur situation personnelle et familiale. Pas de problèmes pour moi avec les textes de lois, les organismes spécialisés, les dérogations... C'était évidemment compliqué, et cela ne s'est pas amélioré, mais je connaissais presque tout par cœur, et je savais où chercher en cas de besoin.

Mais ce que je n'avais pas prévu, c'était d'être confrontée à la détresse des gens, à leur intimité, aux singularités de leurs situations et de leurs émotions. Ce que je trouvais chaque jour dans mon bureau, ce n'étaient pas des piles de dossiers, mais les pleurs, l'angoisse, la solitude, la souffrance de personnes plus ou moins perdues.

C'est à ce moment-là que j'ai commencé à comprendre qu'il y a d'un côté les principes, les textes, les lois et les règlements, où tout paraît dans l'ensemble clair et net. En tout cas, on doit toujours y pouvoir trouver la solution. Et puis, de l'autre côté, il y a la vraie vie. Et là, il faut bricoler, inventer, ajuster...

Je ne m'attendais pas du tout à ce vécu difficile, à cette confrontation avec les réalités humaines, le désespoir, les tragédies traversées par les individus. Cela n'était pas intégré dans ce qu'on m'avait appris en matière de règles administratives et de gestion du repérage des aides !

Je voyais des gens s'effondrer en larmes, raconter leurs drames, leurs angoisses, le choc de la retraite, leur désorientation, leurs émotions et leurs impasses. L'émotionnel est tellement fort qu'on se sent désemparé. On ne sait pas comment répondre à leurs appels.

Ce fut le premier choc, qui m'a fait comprendre que les formations techniques ne suffisent pas pour accompagner les personnes réelles dans leur situation particulière.

Il y a, dans votre parcours, d'autres chocs du même type ?

D. J. – Quelques années plus tard, j'ai pris mon premier poste de direction dans une résidence autonomie et un Ehpad. Là aussi, je me croyais bien préparée parce que j'avais reçu toutes les formations souhaitables en matière de gestion budgétaire, de questions juridiques et autres. Et puis j'ai découvert les routines, les règles parfois absurdes qui continuent d'être appliquées uniquement parce qu'elles le sont depuis longtemps et que les équipes en ont pris l'habitude.

Par exemple, puisque les résidents étaient autonomes, un minibus les emmenait faire leurs courses au supermarché tous les vendredis matin. Certains demandaient de pouvoir y aller le mardi, plus commode pour eux. Le secrétariat disait « non, c'est le vendredi, sinon vous prenez un taxi ». Il n'y avait aucune raison à cela. Il était parfaitement possible de proposer deux horaires et de changer le programme des animations en conséquence.

Autre exemple : certaines personnes qui venaient payer leur loyer à l'administration étaient renvoyées parce qu'il y avait une date fixée, et une seule, pour payer. Pourquoi ? Pour le seul confort des personnels ! Parce que la routine est ainsi organisée. Bien sûr, ce ne sont toujours que de petits détails, mais ils sont importants. Et surtout ils s'accumulent. Il existe autant de petites routines dans les petits-déjeuners, la toilette des résidents, le service des repas...

Au début, car j'étais fort jeune, je me demandais toujours si j'avais raison de vouloir bousculer ces habitudes. Les employés font ainsi depuis des années, il doit bien y avoir un motif. En fait, plus j'observais, plus je constatais qu'il n'y avait aucune raison valable de ne pas changer ces façons de faire. Il était possible d'introduire plus de souplesse, une meilleure écoute des demandes de chaque personne... À condition de casser les automatismes et les répétitions !

Ce qui n'est pas toujours facile...

D. J. – Ah non ! En tout cas au début. Des secrétaires sont allées se plaindre au maire. J'ai été accusée de malmener mon équipe... alors que je voulais avant tout la rendre plus responsable, moins figée.

Quelles sont les solutions ?

D. J. – Pas de recette miracle, mais la combinaison de plusieurs ouvertures. Les habitudes néfastes se cristallisent quand une équipe se ferme sur elle-même, travaille de manière close, sans échanges avec le dehors. Il est possible de transformer complètement l'atmosphère en faisant circuler les informations et les savoirs, en organisant des stages à l'extérieur pour certains membres du personnel, en faisant intervenir des personnes venant du dehors. Cela ne se fait pas du jour au lendemain, ni selon une seule méthode. Il faut du temps, et il serait illusoire de croire qu'il existerait une seule approche indiscutablement valable. Mais peu à peu il est possible de modifier les manières de travailler et d'instaurer un vrai climat de confiance.

« Confiance » est un mot-clé ?

D. J. – Plus que cela ! C'est « le » mot, ou plutôt la réalité, qui permet d'avancer, de débloquer les difficultés. En construisant des relations de confiance entre les membres d'une équipe, entre les soignants et les résidents, entre les familles et les établissements, il devient possible de résoudre quantité de problèmes.

Je pense que c'est la base de tout. Mais cette confiance ne s'instaure pas par magie. La confiance, indispensable à l'accompagnement, se construit et s'entretient. Elle ne se décrète pas. Vous ne pouvez pas vous contenter de dire « faites-moi confiance », et croire que cette déclaration suffit à établir une situation nouvelle ! Les mots ne suffisent pas. Il faut fabriquer peu à peu la confiance, l'entretenir, la préserver, éventuellement la réparer si elle se trouve bousculée par un imprévu.

Et je crois que ma plus grande mission de directrice d'établissement était de créer le climat de confiance au sein des équipes, avec les résidents et les familles, mais aussi avec les partenaires des établissements.

Cette confiance a deux appuis – la qualité d'être et la compétence. Les deux sont indispensables.

En effet, les résidents et leurs familles se confient à nous, nous confient leurs vies. Pour cela, ils ont besoin de nous savoir honnêtes et en capacité de prodiguer les soins adaptés. Ils attendent aussi des résultats tangibles. Notre action quotidienne doit donc combiner la justice – notre savoir-être –, et la justesse – nos compétences métiers.

Les écoles préparent bien les professionnels à cette seconde partie attendue. Quant à la première, faute de préparation, c'est à la direction de s'y atteler, et elle doit commencer par elle-même.

Comment fait-on pour mettre en place cette confiance, et pour la renforcer au fur et à mesure ?

D. J. – Le point de départ est d'avoir confiance en soi, mais sans se prendre pour Dieu, sans croire qu'on peut tout contrôler, sans se sentir responsable de tout. Nous devons tous faire le maximum, mais par définition nous ne pouvons pas tout ! Trop souvent, chez les soignants, la crainte d'être pris en faute empêche d'examiner les reproches et d'écouter ce que les autres ont à dire.

Nous devons aussi apprendre à nous écouter nous-mêmes, à savoir ce que nous éprouvons vraiment. On nous a beaucoup appris à ne pas exprimer nos émotions, à porter un masque pour vivre en société, à ne pas montrer que nous sommes en colère, ou tristes, ou inquiets. Je crois que les relations de confiance supposent que chacun s'autorise à partager ce qu'il ressent vraiment.

Avoir confiance en soi, c'est aussi savoir que nous pouvons nous tromper. C'est accepter des critiques justifiées, pouvoir reconnaître qu'on a tort ou qu'on a mal agi. Il faut pouvoir écouter vraiment les reproches éventuels des résidents, sans s'imaginer qu'ils ont systématiquement tort, ou qu'ils ne savent pas ce qu'ils disent.

Il faut également apprendre à assumer une part de risque. Exemple typique : les personnes qui présentent un risque de « départ inopiné », autrement dit les résidents qui risquent de sortir et de ne pas revenir parce qu'ils ne se souviennent plus d'où ils viennent. Les équipes ont une peur bleue de ces situations, et leur premier réflexe est de placer les personnes présentant ce profil en unité protégée, pour qu'il n'y ait pas de risque.

Au contraire, si l'on veut préserver leur liberté le plus possible, il faut assumer que ces personnes risquent éventuellement de partir. Sans que nous puissions les en empêcher. Notre travail est alors de réfléchir à ce qu'on peut mettre en place pour observer les signes avant-coureurs d'un éventuel départ, et surtout les dispositifs à prévoir si cela arrive. Que faire pour retrouver cette personne, ou pour qu'elle puisse être retrouvée ? On peut, par exemple, mettre une carte dans son sac ou sa poche avec l'adresse de la résidence. Si quelqu'un croise cette personne, la voit perdue, il est possible de savoir où elle habite.

Ce n'est qu'un exemple parmi d'autres, mais il est clair que chez les soignants existe souvent un très fort besoin de surprotéger les résidents, aussi bien dans les risques de départ que dans les risques de chute ou de dénutrition. Qu'il faille y veiller constamment est une évidence. Mais qu'il ne faille pas supprimer toute liberté aux personnes vulnérables pour les protéger est une autre évidence. La difficulté est de chercher le meilleur équilibre possible, dans chaque cas particulier. Et cela ne peut se faire que de manière collective, concertée, et en confiance.

C'est ainsi que fonctionne l'Institut de formation que vous dirigez au sein de Partage & Vie ?

D. J. – Cet institut est né de la volonté de partager les formations élaborées pour les agents de soin et de concevoir ensuite d'autres types de formation pour tous les professionnels. Après plusieurs postes successifs de directrice d'établissement, j'ai suivi une formation de coaching d'équipe et d'ingénierie pédagogique qui m'a conduite à concevoir le travail, très diversifié, au sein de cet institut, à partir de quelques principes simples.

Nous devons toujours avoir en tête que les personnes accompagnées nous accueillent ou nous acceptent dans l'intimité de leur corps, de leur être.

Cette confiance, parfois choisie, souvent subie, est pour nous un privilège précieux, très délicat, dont il est important d'avoir continûment conscience.

C'est ce qui peut nous permettre d'adopter la posture la plus juste possible, et de faire en sorte que nos gestes et nos mots s'alignent, s'organisent au plus près de ce dont la personne a besoin.

Pour trouver cet alignement, une grande qualité d'être est nécessaire. Elle est parfois innée, mais dans la majorité des cas, c'est un savoir qui est à acquérir. Comme l'orfèvre, qui sait que la pierre est précieuse, apprend le geste délicat et taille avec délicatesse. De la même manière, nous, les professionnels de l'aide, nous devons accompagner avec justesse et précision les personnes qui nous font confiance, en cherchant l'approche individualisée qui leur conviendra le mieux.

Cette individualisation des démarches s'applique aussi aux apprenants et aux formateurs de l'Institut. Car l'ensemble forme un tout. Plus nous prenons soin des professionnels, plus notre approche est individualisée, plus notre posture est celle qui accueille, qui s'adapte, plus nous sommes dans l'échange et la valorisation, plus nous donnons de l'espace à l'apprenant pour grandir, pour s'épanouir, pour accueillir les nouveaux savoirs et pour accéder (ou souvent pour réaliser) sa compétence, plus nous assurons pour l'avenir aux résidents un accompagnement sur-mesure.

Pour acquérir cette qualité d'accompagnement, la conscience de soi est le premier apprentissage indispensable. Tous ceux qui ont un rôle d'accompagnant, d'aidant ou de transmetteur, doivent y travailler de manière patiente et résolue.

Pour offrir aux résidents le contexte de vie le plus agréable possible, il faut les connaître, mais aussi se connaître soi-même. Parce qu'il s'agit de relations humaines. Comme l'être humain est beaucoup plus complexe que les théories qui le décrivent, c'est une aventure passionnante pour tous ceux qui se lancent à sa découverte !

Propos recueillis par Roger-Pol Droit

Deux regards sur l'âge et ce qu'il représente

Anne Moszyk, directrice d'Ehpad
Liliane Lepoutre, résidente

L'une est directrice, l'autre résidente. Une cinquantaine d'années contre 90. Deux générations, deux regards sur le vieillissement et l'évolution de la société. Mais une seule volonté de dialoguer et de se comprendre.

Anne Moszyk – *J'aimerais que vous me parliez de la vision que vous avez de la vieillesse...*

Liliane Lepoutre – La première vision que j'ai, c'est celle de Pépère et Mémère. Oui, je sais, ces deux mots-là sonnent désuets, dépassés maintenant, mais si je remonte à l'époque où j'étais petite fille, j'appelais mes grands-parents Pépère et Mémère. Je les tutoyais et il y avait entre nous des démonstrations d'affection, des baisers. Mon grand-père, mon Pépère, était vraiment le pilier de la famille, tout le monde l'appréciait, quant à moi, je l'adorais. C'était un petit homme chauve, aux yeux rieurs, je le retrouve dans mon fils.

Le mot Pépère était respectueux.

Pépère constituait le personnage central. À lui seul, il incarnait la famille. Mémère était plus effacée, de longs ongles noirs, des mèches grises qui s'échappaient d'un chignon maigrichon, fait à la va-vite. Elle portait un tablier en permanence, elle cuisinait et elle lisait, beaucoup, c'était une femme cultivée. Pépère est décédé vieux, au moins 75 ans ! Et chez lui. Je l'entends encore fredonner « Halte là, halte là, les montagnards sont là... ». J'avais 7 ans, à l'époque, lorsqu'il chantait ça.

Du côté de mon époux, d'origine bourgeoise, c'était Bon-Papa et Bonne-Maman. Ce n'était pas la même ambiance dans cette famille. Rien ne devait transparaître, ni larmes, ni baisers, ce qui m'a beaucoup étonnée. J'ai souvenir qu'ils étaient très distingués, avec beaucoup de tenue, simples mais tirés à quatre épingles.

À l'époque, cette « vieillesse » se terminait parfois « chez les sœurs », on ne parlait pas d'Ehpad, de résidence autonomie, ni d'établissement. On n'allait pas non plus à l'hospice, non... Vous aménagiez votre appartement, il y avait un très beau parc autour du bâtiment, et la vieillesse se vivait, très respectée et très respectable.

Une autre vision que je peux avoir du grand âge, peu amène, est liée à l'expression « les vieux ». Pour moi, ça sonne « moche », déjà ! « Nos vieux » sonne plus doux à l'oreille. « Les aînés » contient une marque de respect plus importante, et dire « nos aînés », c'est, à mes yeux, montrer une réelle considération.

Il y a quelques années, je devais avoir passé 80 ans, j'ai été heurtée, indignée, par les propos désobligeants d'une femme de ma propre famille, qui travaillait dans le domaine paramédical. Elle disait qu'elle détestait les vieux : « Ils puent et ils râlent, mais c'est toute ma clientèle. » Après cet échange, un certain vide s'est installé entre nous.

Par ailleurs, je n'ai décidément pas aimé la formule « Printemps du grand âge » inventée par Partage & Vie, parce que j'ai trouvé que c'était légèrement ironique, et même sarcastique. À notre âge, nous avons dépassé l'automne et nous flirtons avec l'hiver. C'est pour cela que je n'ai pas aimé la définition du projet qui portait ce nom.

J'ai la chance d'avoir aujourd'hui 90 ans, et d'avoir fait le choix d'arriver dans cette « maison », une résidence autonomie, après un séjour à l'hôpital, lié à une bête chute à domicile. Lorsque j'ai annoncé mon choix à mes enfants, ils m'ont donné raison. Ce qui est important, c'est que ce choix de vie est le mien. J'ai été « accueillie », même si la période d'accueil est perfectible, et non « recueillie », comme certaines personnes le sont en Ehpad. Être accueilli, c'est venir de son plein gré, on a choisi d'être là. Être recueilli, « on » est placé, un peu comme à la SPA… C'est ce que ça évoque pour moi en tout cas.

On est tellement déconcerté et à vif lorsque l'on arrive dans cette nouvelle demeure que chaque détail prend des proportions bien trop importantes. Je ne sais pas si je m'exprime bien, mais ce que je veux dire, c'est qu'on entre dans l'inconnu, et c'est très déstabilisant.

Si je me glissais dans la peau de la personne accueillie en Ehpad, je serais une femme, née en 1933, je serais veuve, j'aurais épuisé mon entourage, et la meilleure solution, bien que je ne l'aie pas acceptée, aurait été celle d'être « recueillie » en Ehpad. Alors, je vois mal, j'entends très mal, je ne comprends plus tout très bien et tout va très vite autour de moi, trop vite. Ce que je souhaiterais, c'est de l'écoute, de la disponibilité, de la patience, de la douceur dans les gestes, me voir expliquer posément les choses, dialoguer, me voir emmenée à l'extérieur, voir la nature, la mer, pouvoir aller respirer.

Parce qu'en vieillissant, on a du mal à trouver ses mots, à exprimer son ressenti, on perd très vite le fil de ses idées, le dialogue coupe court. En Ehpad, les soignants et les accompagnants deviennent nos yeux et nos oreilles. Bien sûr, je me rends bien compte que les gens de notre âge ont un gros défaut : ils se plaignent beaucoup. C'est vrai, mais avec de la patience, et si on prend un peu le temps de ressentir le besoin de la personne, on gagne sa confiance, on suscite de l'intérêt, et on attise le peu de vie qui demeure.

Si j'étais en Ehpad, est-ce que je supporterais toute la journée d'avoir ces personnes autour de moi ? Celles qui traînent les pieds, celles qui répètent dix fois, vingt fois la même chose ? Comment pourrais-je exprimer mon envie d'être seule, de ne pas participer à ce loto que j'ai essayé d'adopter, mais qui ne me plaît décidément pas du tout ? Comment pourrais-je demander aux équipes soignantes ou à l'animateur de m'emmener voir ce concert d'orgue donné dimanche soir à l'église Saint-Éloi ?

Je suis dans le grand âge, je ne veux pas vivre dans la nostalgie, les souvenirs doivent rester à leur place. Les mauvais arrivent toujours inopinément, et ils sont tenaces, le soir, la nuit par exemple, et jamais les bons. J'organise mes semaines, j'ai besoin de buts d'une semaine sur l'autre, vivre ainsi me permet de me projeter, d'aller de l'avant, d'apprécier – justement – mon quotidien.

J'ai 90 ans et je suis toujours en recherche de réponses liées à la vie spirituelle qui m'anime... Je suis sur terre depuis tout ce temps, et je voudrais savoir si j'ai réellement accompli ce que je devais réaliser. Je ne voudrais pas quitter cette vie sans comprendre pourquoi je suis venue sur terre. Oui, je suis dans une recherche existentielle permanente, et cette quête me pousse toujours, encore.

Je vais peut-être vous sembler orgueilleuse, mais je veux montrer à mes trente-deux descendants [rire] que je suis encore debout.

Allez, une dernière anecdote, je me souviens de la première fois que je suis sortie en déambulateur, j'étais rouge de gêne de sortir comme ça. J'arrive au passage piéton, près d'un feu rouge, un jeune père était là avec sa gamine. La petite me regarde et s'exclame : « Toi aussi, t'es en poussette ! » Ça m'a fait rire, et ça m'a totalement décomplexée pour la suite.

Et vous, de votre point de vue de directrice, quel est le regard que vous portez « sur nous » ?

Anne Moszyk – *Ma vision de la vieillesse et du grand âge n'est pas linéaire. Quitte à enfoncer une porte ouverte, il est primordial de rappeler qu'il y a autant de vieillesses différentes que de personnes. Ce point de vue est essentiel à mon sens, et il est toujours étonnant de le partager avec ses équipes, qui, pour le coup, n'envisagent pas elles-mêmes leur propre vieillissement.*

Je n'ai pas toujours exercé ce métier de directrice d'établissement, et cela fait maintenant une petite vingtaine d'années que je travaille auprès d'un public âgé. Néanmoins, mon histoire de vie a fait que j'ai été, en partie, élevée par mes grands-parents maternels. J'ai donc été empreinte d'une vision positive de la vieillesse, et même de toutes sortes de vieillesses, car ma grand-mère travaillait en cuisine dans un hospice qui était très loin de tout ce que j'ai pu découvrir et lire sur le sujet depuis.

C'était un petit hospice de village, la vie y semblait douce, en raison de la bienveillance des sœurs, de la solidarité informelle du village, et puis de l'environnement : quelques poules, un âne, un jardin potager, un verger… Est-ce une vision fantasmée ? Je ne pense pas, j'ai partagé beaucoup trop de bons moments avec cette petite communauté. Bien entendu, je ne prétends pas qu'il n'y avait pas de problèmes de soins, mais cette « maison » était tellement animée, tellement vivante ! En 1980, faisant suite à la loi de juin 1975 qui prévoyait la transformation des hospices en maisons de retraite, médicalisées ou non, l'hospice a dû faire peau neuve pour se transformer à son tour. Une sœur laïque est arrivée à la direction. En 1982, le virage avait été totalement pris, et l'hospice avait perdu « son âme ».

Depuis ma reconversion professionnelle en 2006, mon parcours professionnel m'a menée à travailler auprès de différentes populations âgées, dans l'associatif, en Ehpad, et en résidence autonomie depuis que je suis à Dunkerque.

Ma vision du grand âge a-t-elle changé depuis que j'exerce ce métier ? Ce n'est pas tant ma vision qui a changé que le constat que je fais autour de moi de l'âge toujours plus avancé des gens que nous accueillons.

La résidence que je dirige aujourd'hui a ouvert ses portes en 1985. En 1987, l'âge moyen des personnes qui louaient un logement était de 78 ans. Aujourd'hui, le premier contact se fait avec les enfants qui viennent se renseigner pour leur parent, et ces enfants sont eux-mêmes dans une tranche d'âge qui se situe entre 68 et 74 ans, pour des parents qui ont 90 ans et plus.

Aujourd'hui, nous accueillons entre 135 et 140 résidents, hommes, femmes et quelques couples, qui ont au-delà de 63 ans de mariage. Il n'est plus rare d'écouter les résidents parler du « petit dernier » qui va bientôt venir au monde, le petit dernier étant le 17e arrière-petit-enfant, et l'aîné de cette joyeuse tribu a très souvent passé la vingtaine ! Ce qui signifie, potentiellement, que nous aurons bientôt, si ce n'est déjà le cas, quatre générations qui se croiseront, alors qu'il y a tout juste une petite cinquantaine d'années en arrière, nous n'avions pas toujours la chance de rencontrer nos grands-parents... Même pour les équipes qui le vivent au quotidien, ce constat est bluffant.

Devenir centenaire, de nos jours, a tendance à se banaliser. Bien sûr, au sein d'un établissement, 100 ans dans la vie d'une personne reste toujours un moment singulier que l'on rend festif, c'est toujours un événement auquel la famille est associée. Certaines familles se prêtent réellement au jeu avec l'établissement, et ces occasions contribuent à créer d'incroyables moments d'échanges entre tous.

Toutefois, comme me l'a appris un directeur de rédaction en 2020, pour les quotidiens locaux, les centenaires ne représenteraient plus une ligne éditoriale intéressante valant la peine de faire le déplacement, car le phénomène s'est multiplié en l'espace de quelques années. Malgré cela, les journalistes ont parfaitement compris que les établissements médicosociaux pouvaient aussi constituer de véritables bastions créatifs et pas uniquement des lieux de mort et d'ennui.

J'ai choisi ce virage professionnel, et durant ces dix-sept dernières années, je me suis enrichie d'expériences, nourrie d'échanges avec les uns et les autres. Ce parcours, fait de rencontres, n'a cessé d'élargir mon champ de vision et de réflexion, que ces rencontres soient bonnes ou pas. Des échanges, des amitiés et aussi des pertes, parce que la dernière partie du chemin se termine par la mort. Lorsque la vie s'arrête, un vide s'installe, certaines morts étant plus douloureuses que d'autres selon l'affection portée à la personne disparue. Bien sûr, nous ne sommes pas leur famille, bien entendu, nous avons une relation professionnelle, mais le monde extérieur est loin d'imaginer à quel point nous pouvons créer de véritables attaches avec ces personnes qui nous entourent et qui contribuent, elles aussi, à rythmer nos quotidiens, parfois cinq ans, dix ans durant ou plus…

Dernière réflexion… L'idée que je me fais maintenant de la vieillesse ne concerne pas celle des autres, mais la mienne « à venir », puisque je suis, selon les statistiques, sur une espérance de vie de 85,1 ans, et donc, par déduction, dans le second tiers de mon existence. Alors, quelle vieillesse souhaiterais-je vivre à mon tour ? Une vieillesse « vivante » et debout, autant que possible, comme vous, Madame Lepoutre, portée par tout ce qui m'anime du monde qui m'entoure, et sans trop à avoir à solliciter mes proches.

À la recherche du temps de la vie
Dialogue entre générations

Delphine Langlet,
directrice générale de Partage & Vie
Jeannine Pépillo, infirmière retraitée

Lorsque nous avons choisi le thème de nos travaux éthiques de cette année, j'ai immédiatement pensé à la réflexion qu'avait menée Jeannine Pépillo, ma tante, aujourd'hui octogénaire, au début des années 2000.

Récemment retraitée après une carrière d'infirmière, elle s'était lancée alors dans une démarche de questionnements et d'analyses concernant notre rapport au temps, en particulier quand cessent les occupations professionnelles. Ce travail déboucha sur un mémoire intitulé *Que fait-on du temps gagné aujourd'hui ? Ou comment retrouver un rapport personnel au temps dans le quotidien* ? (septembre 2002).

À l'époque elle constatait l'existence, toujours d'actualité, d'un temps de plus en plus libéré, dont chacun peut bénéficier, notamment lorsqu'il accède à la retraite. Cette libération est la conséquence de la double transformation de notre société à l'ère postindustrielle : la durée du temps de travail s'est régulièrement réduite, et l'espérance de vie a considérablement augmenté depuis 1945. Mais qu'avons-nous gagné avec ce temps libéré ? Comment interroge-t-il, transforme-t-il le rapport à notre quotidien ?

Ces interrogations surgissent tout au long de notre vie, et plus spécifiquement quand on avance en âge, que l'on accède à la retraite. On l'a parfois appelée vigoureusement de ses vœux, cette retraite, quand les métiers pesaient, mais, une fois atteinte, elle bouleverse souvent profondément et peut conduire chacun à de vives et quelquefois douloureuses remises en cause existentielles. Que fais-je de mes journées ? À quoi je sers ? Quelle est mon utilité, entre autres sociale ?

Jeannine a l'habitude de dire que sa génération, née à la fin des années 1930 et au début des années 1940, est « pionnière », car elle est la première à bénéficier collectivement et massivement de cette conquête temporelle. C'est, dans le même temps, la première à avoir dû l'apprivoiser en s'engageant dans la voie, jusque-là réservée aux plus vaillants, d'un vieillissement plus long, méconnu, pour ne pas dire inconnu. Ce temps supplémentaire est propice, certes, à de multiples épanouissements, mais il confronte souvent les personnes à une limitation progressive de leurs capacités de tous ordres. Dans ce contexte, comment faire prévaloir la notion de temps sur la notion d'activité qui caractérise une société vigoureusement attachée à penser que l'inactivité est la mère de tous les vices, le désœuvrement générateur d'ennui, de paresse… ? Les choix sociétaux ne sont pas dépourvus de paradoxes ni de subtilités. Comment donc faire de ce temps *libéré* un temps véritablement *gagné* ? Sur quoi ? Pourquoi ?

La société pourrait, devrait changer son rapport à la productivité et à la performance, et derrière cela, son rapport à l'avancée en âge. Nous le dirons plus tard dans ce livre quand nous parlerons, dans la troisième partie, des représentations du grand âge, des biais et des préjugés qui nous en gâchent la vue ou nous en font détourner le regard.

Jeannine, elle, a choisi un autre point de vue : celui de la personne elle-même, de ce qu'elle peut faire pour contrecarrer au mieux ce fardeau à la fois temporel et social, pour moins le subir en disposant par soi-même des ressources nécessaires pour faire du temps qui passe et qui se libère l'occasion d'une réappropriation tout au long de sa vie. Jusqu'au bout. Dans cette perspective, il serait illusoire de croire que l'on peut entrer dans l'inconnu de ce temps libéré sans précaution ni préparation. Jeannine invite donc à une mise en jambes et en pensées continuelle, pour inventer individuellement son rapport personnel au temps.

Inconnu et savoirs cheminent donc dans sa pensée et construisent ainsi son éthique de vie personnelle et sa relation à l'autre : à défaut de connaître ce que l'on deviendra en avançant en âge, tentons de savoir ce que nous sommes, dans un *hic et nunc* qui par nature ne peut être permanent, mais qui construit les fondements d'un rapport personnel à soi et au temps. Un rapport au temps probablement moins social.

Passés ces éléments de contexte et de mise en perspective, il m'a paru nécessaire de partager plus directement et plus profondément les réflexions de Jeannine. Le faire sous forme de dialogue nous a semblé évident pour laisser quelque trace de l'oralité de nos nombreux échanges et partager avec le lecteur les détours de nos réflexions.

Delphine Langlet – *Temps libéré, temps libre, temps gagné... Pourquoi as-tu souhaité mener une réflexion sur ces notions ? Comment traduisent-elles une évolution profonde de notre société, qui s'est accélérée au cours de la seconde moitié du XXe siècle ?*

Jeannine Pépillo – Résultat d'une histoire collective, produit d'un héritage industriel et socioculturel, le temps libre, augmenté par l'allongement de l'espérance de vie, s'est institué, depuis la seconde moitié du XXe siècle, comme une nouvelle dimension de l'existence à intégrer tant par la société que par l'individu. Ce temps libre n'a bien sûr pas la même valeur pour tous : pour beaucoup, c'est une aubaine ; pour une minorité, il peut être du « temps mort » ; pour ceux qui sont privés de moyens matériels et culturels, ou qui sont en situation de vulnérabilité (en raison de la maladie, de la solitude, du handicap, etc.), ce rapport au temps, celui de tous les jours, peut être difficile.

À côté de cette notion de temps libre que les générations antérieures ne semblaient pas connaître, le XIXe siècle a laissé dans les esprits l'idée que le travail est aussi ancien que l'homme. Il a été pour lui la condition de la vie, voire de sa simple survie. Avec le temps, il est devenu, pour beaucoup, l'« essence de l'homme », la puissance transformatrice du monde, une sorte d'accomplissement de soi. Autrement dit, la vie pourrait être essentiellement mouvement, activités, *praxis* et donc travail.

Dès son plus jeune âge, d'ailleurs, l'individu est censé acquérir dans le cadre de la famille, de l'école, des activités extrascolaires, des apprentissages destinés à gérer l'articulation de son temps quotidien avec les temps sociaux. Au fil des années, divers mécanismes de socialisation construisent conjointement les individus et leur donnent leur identité, consolident leurs repères identitaires. La personne, actrice de son insertion, apporte un savoir-faire, une compétence, un service provenant d'elle et reconnu utile socialement. Cette notion d'« utilité sociale » est essentielle ; elle induit une dynamique. C'est dire l'importance de la « valeur travail » pour l'individu : autour d'elle se sont organisés la cohésion et le lien sociaux.

D. L. – *Dans ce contexte, que représente selon toi ce temps que la société a libéré ? Quelle place occupe-t-il dans notre société, soucieuse de performance et d'efficacité ?*

J. P. – Pour la plupart des gens, ce temps gagné est resté, du moins en partie, un temps utile, actif, parfois saturé ; mais il doit également être, selon moi, une forme de rapport personnel au temps, à trouver jour après jour dans le cadre d'une inactivité improductive, qui semble exiger une certaine activité intérieure. Le temps libre doit remettre en question les rapports de la personne à l'activité, à l'inactivité, à la temporalité. Et je trouve que plus on avance en âge, plus cette réflexion est intéressante, essentielle. J'avais d'ailleurs choisi d'explorer cette question, dans les travaux de recherches que j'avais menés, en prenant pour terrain d'analyse la personne âgée.

Dans les années 1980, en effet, j'avais passé un diplôme universitaire de gérontologie sociale sur le thème « Quel devenir pour l'usage du temps quotidien ? ». Le point de départ de la réflexion était la question suivante : « Comment peut-on vivre le quotidien de tous les jours, dans sa répétition, dans sa banalité, pendant aussi longtemps et malgré les érosions du temps sur le physique, le mental, le relationnel, et trouver en même temps dans ce quotidien suffisamment de ressources pour aller au terme de l'existence ? »

Dit autrement, cela conduit à se demander comment les personnes âgées reconstruisent, aujourd'hui, le temps, leur quotidien, lorsqu'arrive le moment de la retraite et du vieillissement. Elles se trouvent confrontées à une (re)construction, une (ré)appropriation de leur rapport personnel avec le temps. Dans la vieillesse contemporaine, je pense que la personne retrouve, à travers ce rapport au temps, la capacité de se projeter, mais également à faire face à une part de risques inhérente à cet inconnu dans lequel on est embarqué.

D. L. – *Pour étayer ton propos, lorsque tu avais mené tes travaux de recherche, tu avais effectué un travail d'enquêtes auprès de personnes retraitées. Tu leur avais adressé un questionnaire et en avais rencontré de nombreuses pour les interroger sur leur représentation du quotidien. Qu'avais-tu retenu de leurs réponses ?*

J. P. – Dans leurs réponses, peu de place était laissée à l'inactivité, même si les personnes interrogées avaient, pour la majorité d'entre elles, plus de 70 ans ; la plus âgée était centenaire. Les plus anciennes l'évoquaient un peu, en faisant part de leur « incapacité à faire », désormais, en raison de leur vieillissement et des fragilités qui l'accompagnaient. Beaucoup valorisaient la variété de ce qui les occupait : rendez-vous divers (médecin, coiffeur, etc.), services rendus (garde des petits-enfants, accompagnement de personnes âgées, etc.), engagements de tous ordres (bénévolat, missions éducatives, conseil municipal, participation associative, etc.), sorties culturelles, activités manuelles et sportives, acquisition de connaissances...

Pour les moins de 75 ans, le sentiment d'avoir du temps renforçait l'idée de faire et d'agir (« la vie est en mouvement »). Pour les plus de 75 ans, en revanche, l'usage du temps était moins prégnant : les questions d'agenda n'étaient plus évoquées, l'espace se trouvait réduit, les forces semblaient affaiblies. Se développait pour elles un temps de la réflexion, un temps où l'attente prend sa place, où surgit un sentiment d'appartenance au temps. Elles n'évoquaient plus beaucoup les usages du temps, sinon par la mémoire, à travers des souvenirs. Elles parlaient davantage d'un temps, qui nous relie à l'existence et à un espace de vie. Le quotidien n'était plus considéré au travers d'activités mais comme un mode de vie.

D. L. – *La notion de « quotidien » est essentielle dans ta réflexion. Je comprends qu'il y a un enjeu, pour tous, et en particulier pour la personne qui avance en âge, à se l'approprier...*

J. P. – Oui, en effet. Ce quotidien est fait d'actions, d'événements, mais il est aussi un lieu, un espace à habiter. Et ce peut être difficile d'accepter ces changements. Je me souviens d'une personne, avec qui j'avais échangé dans le cadre de mes travaux. Elle avait été « placée » en maison de retraite. Elle avait tout fait pour éviter cela : portage de repas, téléalarme, aide à domicile, passage d'une infirmière à domicile... mais une fatigue existentielle avait fini par s'installer en elle ; et l'hôpital lui avait recommandé d'aller vivre dans ce qu'on appelait alors une maison de retraite.

Son espace personnel s'est alors réduit à sa chambre, dans laquelle ses enfants avaient placé quelques objets familiers qu'elle aimait bien. Lors d'une première visite, elle m'avait raconté son nouveau quotidien : l'heure du réveil, des repas, la sieste... Entretemps, elle pouvait prendre sa canne et aller bavarder avec d'autres résidents. Beaucoup étaient installés sur des chaises roulantes et n'avaient plus « toute leur tête », comme elle disait. Elle pouvait sortir aussi, se promener dans le parc ; et puis, il y avait le téléphone, comme moyen de contact avec le monde extérieur. Elle ne regardait plus la télévision, ou très peu, relisait quelques romans qu'elle connaissait par cœur, mais reconnaissait avoir du mal à se concentrer à cause de sa mémoire qui « foutait le camp »...

En fait, il lui fallait apprendre à intégrer un quotidien réduit, où il n'y avait plus le souci de la cuisine, des courses, des prises de médicament... Un quotidien délesté des activités domestiques fondamentales, qui structurent habituellement le temps des journées. Elle tâchait de s'organiser « dans sa tête » pour vivre le temps qui passe en s'en tenant à un itinéraire, une histoire personnelle dont il restait des éléments, beaucoup de passé, mais aussi des potentialités, de plus en plus difficiles à exprimer.

J'étais retournée la voir quelque temps plus tard ; et je l'avais trouvée mieux. Elle se « replaçait » en quelque sorte en spectatrice de cette nouvelle existence ; et cela semblait la nourrir.

Une autre fois encore, je passais devant la maison de retraite, à l'heure du souper. J'y suis entrée, à l'improviste, pour lui dire un petit bonjour. Tous les résidents étaient à table. Je ne la voyais pas ; alors, un membre du personnel m'a conduite à sa table. C'était très différent de la rencontrer là, plutôt que dans sa chambre. Plus difficile. Je sentais qu'elle avait du mal à s'habituer à cela ; je la sentais gênée, triste, très triste. Était-elle vraiment dans un espace qui était le sien ?

D. L. – *Qu'as-tu retenu de cette expérience ? Comment t'a-t-elle fait avancer dans ton exploration du rapport personnel au temps ?*

J. P. – La délocalisation du cadre de vie quotidien habituel de la personne, à cet âge et dans ces conditions, transpose ses points de repère dans l'espace et dans le temps. Elle reprend conscience d'elle-même en tant qu'individu. La rupture permet, selon moi, de mettre en place, quand cela est possible – mais l'instinct de survie est profond –, un processus de reconstruction destiné à rétablir un rapport personnel avec le temps, au travers du quotidien de l'Institution. Ici, se reconstruisent des repères au sein de l'inactivité des jours en mettant à distance le quotidien jadis connu. L'inconscient social s'estompe. À côté de la résignation peut se faire jour, peu à peu, une attitude de disponibilité que l'Institution, la maison de retraite en l'occurrence, peut se réapproprier en partie par le soin, l'animation…

L'expérience de cette dame fait écho à d'autres situations que j'ai rencontrées : ainsi, la dépendance occasionnelle ou l'installation d'un handicap conduisent souvent les personnes à faire appel à une aide à domicile qui « externalise » certaines activités domestiques dans le cadre quotidien. Il m'est arrivé de rencontrer des personnes, en particulier des femmes, pour lesquelles cette situation correspondait à une sorte de dépossession. J'avais d'ailleurs lu dans *Les aides à domicile écrivent leur métier* : « Derrière leur apparente simplicité, les tâches ménagères engendrent une complexité relationnelle liée au fait qu'elles sont situées au cœur de l'intime. » La personne peut avoir l'impression qu'elle n'est plus bonne à rien… et là encore, se sentir estropiée d'une partie de ce qui constituait sa raison d'être.

Autre exemple : l'individu hospitalisé dont l'état de santé se dégrade est essentiellement renvoyé à son rapport au temps qui passe. Les notions d'activité, d'inactivité n'ont plus beaucoup de signification pour lui. L'individu peut se replier sur lui-même, s'enfermer, ne plus être entendu. Il peut se heurter à une forme de résistance, à l'angoisse de la mort. Il peut aussi s'ouvrir à la sérénité, à une forme de disponibilité. Pour certains, elle peut prendre une forme spirituelle ou religieuse, mais cela ne me semble pas nécessaire.

Derrière ces situations, se trouve, me semble-t-il, une attitude de disponibilité qui donne accès à la connaissance de ce que j'appelle « le temps gagné », qui nous permet d'envisager notre quotidien autrement que par l'action. Au moment de vieillir, ou lorsqu'elle est dans une situation de vulnérabilité, la personne nous réapprend peut-être que c'est l'être tout entier qui produit de la connaissance et de la satisfaction… pas uniquement l'esprit en tant que puissance intelligente, ni le positionnement social.

D. L. – *Revenons à cette notion de « temps gagné », dont tu parles… N'est-ce que la maigre compensation d'une capacité amoindrie à être dans l'action et à faire ?*

J. P. – Tu te doutes que non ! Il faut admettre que la vieillesse, telle que nous la vivons de nos jours, c'est-à-dire plus longtemps et par conséquent avec des fragilités, des pertes de capacité qui peu à peu amoindrissent ce que l'on peut faire, cette vieillesse, donc, invalide, déconstruit, d'une certaine façon, les divisions du temps que la société industrielle, productiviste, efficiente a multiplié en organisant ce que j'appelle des temps sociaux ; elle invite à un nouveau rapport au temps, qui se conçoit et s'éprouve dans le champ du quotidien.

La retraitée pionnière que j'ai été il y a une vingtaine d'années, et plus encore tous ceux qui accèdent aujourd'hui à la retraite, doivent comprendre et anticiper cette transformation du rapport au temps qui s'opère plus ou moins progressivement, lorsque l'on cesse son activité professionnelle. À ce moment clé de la vie, nous pouvons avoir le sentiment que le mouvement impulsé par la société se poursuit, imparable, au même tempo, impossible à arrêter.

Au contraire, pour moi, ce doit être l'occasion d'une prise de conscience, d'un réajustement de notre trajectoire existentielle, la découverte, si l'on ne l'avait pas éprouvée auparavant, de ce que peut apporter une sorte d'« inactivité active ».

Bien sûr, ce processus n'est pas simple, car il vient interférer avec le vécu de la personne. La dépendance des individus tout au long de leur existence aux systèmes sociaux et culturels laisse des traces au moment de vieillir. Se réapproprier un rapport personnel au temps, c'est retrouver le rôle constructif du temps : un temps pour soi, pour l'imaginaire, pour regarder...

D. L. –... *pour attendre. On a parfois l'impression que les personnes âgées, très âgées, passent leur temps à attendre... qu'en penses-tu ?*

J. P. – À mon avis, l'attente qui caractérise l'attitude de certaines personnes âgées laisse penser que la vieillesse est un seuil où pénètre l'attente. Un seuil où se regardent les choses avec une certaine distance, un certain détachement parfois. À mon avis, derrière ces personnes qui attendent ou semblent attendre, il y a déjà des personnes qui sont là, peut-être qui réfléchissent ou songent, simplement regardent, écoutent, ressentent, des personnes qui se donnent le moyen d'exister, en somme. Au fond, l'attente est sans doute l'une des facettes du temps gagné pour soi.

D. L. – *On a pas mal cheminé depuis cette question du temps libre qui lançait notre dialogue...*

J. P. – Oui, le temps libéré, rendu libre, était un point de départ. L'idée qui me tient à cœur, c'est cette question du passage entre ce temps libre, qui est souvent un temps actif et social, que chacun peut occuper de mille manières diverses tout au long de sa vie, et même lorsque l'on est retraité, et un temps individuel à construire, à organiser, à gérer, dans une nouvelle configuration du quotidien, dont la nécessité s'éprouve en particulier lors de chaque rupture de vie, ou lorsque des fragilités émergent.

Derrière cela, il y a pour moi l'idée d'une formation, ou du moins préparation continue, tout au long de la vie, à la découverte d'un nécessaire rapport à soi et au temps, dont le tumulte de nos quotidiens hyperactifs nous écarte parfois. La vieillesse n'est pas une rupture par rapport à une vie d'avant, auréolée de ses succès. Elle en est la suite, sans solution de continuité. C'est donc toute sa vie qu'il faut ouvrir ses écoutilles, porter attention à soi et au monde, apprendre à être pleinement disponible, pour percevoir les potentialités du grand âge, quand bien même il serait rendu vulnérable.

D. L. – *Cette partie du livre s'intitule « Découvertes en terre inconnue »…*

J'ai l'impression, après t'avoir suivie dans ces pérégrinations, que cet inconnu, le grand âge et la dépendance, s'ils ne se devinent ni ne s'apprivoisent vraiment, peuvent se préparer d'une manière profondément individuelle, tout au cours de la vie.

Merci de nous avoir mis sur cette voie.

Paroles entendues

« Je ne regrette pas mon choix de carrière. Je suis arrivée jeune et sans expérience de la personne âgée. J'ai évolué et grandi avec eux. J'ai appris à repérer les changements de comportement avec des formations qui complètent et affinent mon regard/perception. Elles m'aident également à mieux comprendre et mieux identifier ces changements qui peuvent être parfois subtils. [...] J'ai pu suivre des formations sur le repérage des fragilités, le deuil, le maintien de l'autonomie, les troubles du comportement, la maladie d'Alzheimer ou les maladies apparentées... Je ne suis pas soignante mais mieux comprendre le grand âge me permet d'être ou de rester professionnelle et d'adapter mon comportement aux personnes accueillies. On personnalise notre savoir-être à toutes les personnes accueillies et ça c'est "chouette" et humain. »

Secrétaire de direction
dans une résidence autonomie de Partage & Vie

« Je ne pensais pas que les personnes dépendantes avaient une telle capacité de récupération et d'apprentissage ! Le métier de prof APA [activité physique adaptée] par exemple offre la possibilité aux personnes d'entretenir voire de récupérer des compétences motrices dans un cadre ludique. »

Directrice d'un Ehpad
de la Fondation Partage & Vie

« Moi, le vieillissement me faisait très peur. Lors de mon premier stage en établissement pour personnes âgées, j'ai dû faire la toilette d'un Monsieur qui était tout recroquevillé sur lui-même. Cette scène m'a marquée et je me suis dit à ce moment-là qu'il fallait que j'apprenne à donner ce que je pouvais leur apporter. J'ai toujours eu peur de vieillir, mais auprès des personnes âgées je me sens utile. J'ai le sentiment de pouvoir leur apporter des choses et ce que je donne, on me le rend. »

Aide-soignante dans une petite unité
de vie de Partage & Vie

« Je viens du monde hospitalier, et en Ehpad je suis arrivée dans un lieu de vie qui m'a beaucoup changée. Les résidents sont chez eux, pas dans un service où ils sont de passage. Cela a été dur de s'adapter au début mais cela m'a finalement réconciliée avec mon métier.
J'ai appris à vivre à leur rythme et j'ai découvert un lieu de vie que je ne connaissais pas en tant que soignant. »

IDE dans un Ehpad de Partage & Vie

Deuxième partie

Savoirs indispensables

Présentation
Savoirs, limites et éthique

Souvent, l'avancée en âge s'éprouve avant de se comprendre : les personnes discernent, ressentent, subissent les signes plus ou moins handicapants du vieillissement ; les proches décèlent, progressivement ou brutalement, chez un parent un corps qui flanche, une tête qui faillit, une humeur qui se transforme ; les professionnels, aussi, qui accompagnent ces personnes dans la durée, à domicile ou en établissement, constatent que chaque vieillissement est différent, singulier, que les réponses à y apporter nécessitent ajustement, individualisation, sur-mesure.

En somme, comme ont pu l'écrire Régis Aubry, Cynthia Fleury et Jean-François Delfraissy, dans *Les Enjeux éthiques du vieillissement* (*Études*, 2018) : « Cette situation [la situation des personnes âgées subissant une perte de leur indépendance ou de leur autonomie] échappe à la norme, au sens de la moyenne, dans le champ social, tout autant qu'à la rationalité scientifique, et donc à la médecine fondée sur les faits (*evidence-based medicine*). Le professionnel de santé se trouve confronté à la question des limites (les limites du savoir, celles de la vie, celles du sens). Il perd ses repères habituels, il doit faire face à l'incertitude sur le bien-fondé des actions qu'il sait mettre en œuvre. L'incertitude est une position difficile à tenir lorsqu'il s'agit d'être responsable, de décider, de "faire des choix". »

Cette perte de repères ne saurait toutefois contester l'importance de disposer de savoirs théoriques, universitaires, médicaux notamment. Le Pr Claude Jeandel, médecin gériatre, professeur des universités, vice-président du conseil scientifique de la Caisse nationale de solidarité pour l'autonomie et conseiller médical du président de Partage & Vie, tout comme le Pr Yves Agid, neurologue, membre de l'Académie des sciences, le développent dans les pages qui vont suivre. Il est essentiel pour chacun de comprendre les mécanismes du vieillissement, qui font que chaque avancée en âge est spécifique : elle peut être robuste, avec un haut niveau de fonction ; usuelle ou habituelle, avec une réduction des capacités ou seulement de certaines d'entre elles, sans que l'on puisse attribuer cet amoindrissement des fonctions à une maladie organique définie ; elle peut se faire aussi avec des morbidités. Ce vieillissement se fait « en pièces détachées », avec une altération hétérogène des fonctions selon les personnes ; mais ce n'est pas le naufrage inéluctable et intégral que d'aucuns attendraient avec fatalisme.

La singularité des situations nécessite donc de disposer de savoirs de natures diverses – théoriques et *a fortiori* médicaux, bien sûr, mais pas seulement –, multidimensionnels, évolutifs, construits sur l'expérience, la pratique, l'échange et la pluridisciplinarité.

Les Pr Agid et Jeandel insistent sur ces autres savoirs également.

Il faut savoir détecter, identifier dans une démarche diagnostique puis, chaque fois que possible, curative. Mais il faut aussi apprendre à tester, questionner, adapter. Le savoir inclut le doute, la mise en question des certitudes et des évidences, la nécessité d'expliquer, d'argumenter toute conclusion et décision auprès des autres professionnels, mais aussi des résidents et patients eux-mêmes. Il convient dès lors d'accepter de donner une place aux points de vue et aux convictions d'autrui, mais également à son expérience, sa pratique, et même à ses sentiments.

Ainsi, face à un objet d'étude aussi singulier que le vieillissement individuel, au-delà des savoirs généraux, théoriques et stables – essentiels, il faut le réaffirmer, pour ne pas laisser le moindre doute –, est-il nécessaire d'admettre d'autres formes de connaissances indispensables : de méthode (privilégier le croisement de regards, l'échange, le collectif ; analyser les pratiques en particulier *a posteriori* pour en tirer les enseignements pertinents ; valoriser le mentorat ou le tutorat qui croisent connaissances théoriques et expériences), de savoir-être (écoute, empathie, attention portée à ce que les ignorants de l'accompagnement du grand âge appelleraient détails mais qui sont les déterminants d'une prise en soin de qualité, etc.), de curiosité (accepter que la connaissance ne soit pas figée et chercher continûment à la faire progresser en s'ouvrant sans cesse à de nouveaux savoirs), etc.

Il nous semble d'ailleurs que c'est précisément dans l'entrelacs, dans la complémentarité de ces différentes formes de savoirs que se construit l'éthique de l'accompagnement des personnes âgées.

Dans « Les politiques de la vieillesse face aux questions éthiques » (*Recherche en soins infirmiers*, 2008), Éric Fiat écrit : « La vieillesse s'inscrit pourtant dans la logique métamorphique de la vie : une chose, un objet inerte ne vieillissent pas : ils s'usent. Tout au plus subissent-ils le temps, mais ils n'en font rien. Et malgré les expressions bien connues de “vieux machin, vieux débris, vieille chose”, on distinguera utilement la vieillesse de la vétusté, un vieillard d'une vieillerie et la fatigue de l'usure ; car si toute fatigue est une petite vieillesse, la vieillesse est la fatigue des fatigues, une fatigue qui récupère mal. Les objets n'ont pas d'âge, ils ont une date ; ils ne sont ni en forme ni pas en forme, ils ont une forme. Les vieillards sont rarement en forme, et souvent l'âge déforme, corrompt, change, abîme, défait. Toutes ces altérations sont cependant signes de vie ! Et voilà pourquoi une éthique de l'accompagnement des personnes très âgées n'est possible que si, d'abord, on les considère comme des personnes dignes d'être accompagnées plutôt que comme des objets à prendre en charge. »

Avant d'être des sujets vulnérables avec diverses pathologies ou vulnérabilités, les personnes âgées sont des êtres humains, qui vivent et continuent à vivre. Cette conviction doit fonder toute conception de l'accompagnement ; et ce de manière plus absolue encore quand il s'agit de prendre en soin les plus fragiles, ceux à propos desquels certains, pour ne pas dire la société de manière générale, doutent de la force de vie qui les anime.

Geneviève Delaisi de Parseval, psychanalyste qui s'est en particulier intéressée, dans le cadre des travaux qu'elle a menés, aux sujets de bioéthique et plus récemment de la vieillesse (*L'Art d'accommoder la vieillesse*, Odile Jacob, 2022), dit sensiblement la même chose quand elle écrit dans les pages qui suivent que « la vieillesse n'est rien en elle-même, [qu']elle se construit sur les bases de la jeunesse et la prolonge. L'expérience d'être vieux vient d'abord du regard extérieur. » Portée par le regard des autres et par les transformations profondes qui se jouent dans le psychisme de chacun, la vieillesse est aussi, selon elle, une « crise », qui désordonne la vie, fragilise l'être, mais où se construit également « un devenir », que tous ceux qui entourent la personne âgée, et celle-ci au premier chef, peuvent aider à réaliser.

L'éthique de l'accompagnement des personnes âgées se conçoit alors comme cet équilibre entre les savoirs et leurs propres questionnements, entre la maîtrise des connaissances techniques, protocoles, procédures, conduites à tenir, etc., et l'attention portée à l'autre et à ses envies, angoisses, attentes, capacités, potentialités, à ce qui le rend profondément et indéfectiblement humain.

L'éthique peut-elle être alors un savoir en tant que tel ? Les contributeurs de cette partie nous laisseront penser qu'il n'en va pas exactement ainsi. L'éthique du soin et de l'accompagnement, plus qu'un savoir dont toutes les caractéristiques et toutes les dimensions pourraient nous être livrées *a priori*, est la résultante d'une juste articulation de savoirs multiples – scientifiques, philosophiques, pratiques, savoir-être. L'éthique ne s'apprend pas dans les livres ; elle s'éprouve et se vit. Elle est méthode et action ; elle se construit. Pour dire ce qu'est l'éthique, il n'y aurait, en somme, rien à changer aux mots de Kant, si ce n'est substituer « l'éthique » à la « philosophie » dans sa phrase bien connue : « Il n'y a pas de philosophie que l'on puisse apprendre, on ne peut qu'apprendre à philosopher. » Reste, toutefois, à inventer le verbe exprimant l'éthique en marche…

Mieux connaître pour mieux prendre soin

Claude Jeandel, médecin gériatre, professeur des universités, vice-président du conseil scientifique de la Caisse nationale de solidarité pour l'autonomie

Des formidables progrès accomplis ces dernières décennies dans le domaine de la santé, particulièrement dans le champ de la médecine, résulte l'apparition de situations de plus en plus complexes qui interrogent quotidiennement la pratique des acteurs de santé. Parce que ces situations sont complexes, elles n'ont pas de réponse évidente et simple et font ainsi l'objet de véritables dilemmes éthiques. Sans en être l'apanage, les établissements d'hébergement pour personnes âgées dépendantes constituent des lieux de vie et de soins au sein desquels de telles situations sont d'observation quotidienne et doivent nous conduire à repenser nos pratiques et notre réflexion éthique.

L'éthique de la prise en soin

L'altération des fonctions cognitives rend compte des principales questions éthiques auxquelles sont confrontés les professionnels intervenant auprès des résidents en Ehpad. Ces questions portent sur le positionnement de la famille (modification du rôle social de la personne âgée et inversion des rôles entre enfants et parents, passage d'une relation binaire à une relation triangulaire, exigences et demandes disproportionnées des familles), le refus d'alimentation (instauration, arrêt ou poursuite d'une nutrition artificielle, risques inhérents aux troubles de la déglutition), la liberté de choix du résident, le refus de soins et de traitement, le risque et la sécurité (contention physique, contention architecturale, entre liberté et sécurité), la fin de vie (quand commence réellement la fin de vie ?, prise de décision d'arrêt ou de limitation de traitement), le bénéfice-risque d'une démarche diagnostique et/ou thérapeutique, l'intimité et la sexualité, et la négligence et la maltraitance (liées à des facteurs institutionnels ou au comportement des professionnels).

Devant ces nombreux dilemmes éthiques, les professionnels se heurtent à des injonctions pouvant paraître paradoxales ou antinomiques : assurer la sécurité des résidents sans être coercitifs, leur prodiguer des soins en institution tout en préservant leur rythme et leur intimité, préserver leurs liens familiaux tout en laissant la famille à sa juste place, accompagner pendant des années des malades incurables sans verser dans le fatalisme, l'abandon ni dans l'obstination thérapeutique, respecter l'autonomie des résidents y compris quand ils sont atteints de maladies altérant leurs facultés de jugement et de compréhension.

Les crises avec débats éthiques apparaissent donc le plus souvent lorsqu'il y a conflit d'intention ou d'intérêt entre la personne âgée malade et ceux qui la prennent en charge ; quand il y a décision à prendre avec des choix qui comportent des risques ; quand il y a incertitude sur le résultat des actions entreprises ou contraintes entraînant des privations de liberté, devant une situation d'urgence où l'information est nécessairement incomplète pour prendre des décisions ; face au danger d'isolement voire d'abandon en fin de vie de ces malades lorsque la communication est devenue très difficile ; ou encore quand il y a intervention à un coût économique élevé pour des ressources rares.

Dans la majorité de ces situations, la prise de décision s'avère significativement plus complexe dès lors que la personne est incapable de participer au colloque singulier de façon opérante, de comprendre et/ou d'exprimer ses souhaits.

Ces situations de crises peuvent être dues à l'évolution d'une maladie neuroévolutive, aux pathologies associées, à l'incompréhension devant les attitudes et le comportement du résident, à la compétence insuffisante des intervenants, ou encore à l'interprétation variable des symptômes par les soignants et les médecins, particulièrement dans le cas de symptômes douloureux.

Ces crises surviennent d'autant plus facilement que l'histoire familiale comporte des conflits et des ruptures antérieures qui n'ont pas été réparés. Des avis divergents entre les membres de la famille sur les modes de prise en charge ou le choix de vie pour la personne âgée aggravent ces crises. Des abus plus ou moins acceptés par la personne âgée peuvent survenir lorsqu'il y a des conflits d'intérêts financiers entre la personne âgée et ceux qui la prennent en charge. Le plus souvent, les crises surviennent dans un contexte de surcharge de travail et la situation s'aggrave lorsque s'ajoutent insuffisances de compétences gériatriques médicales et paramédicales ou insuffisances de compétences de management du personnel.

Les décisions en période de crise seront d'autant plus difficiles à prendre que l'histoire de vie du résident n'est pas connue ou que l'on manque d'informations sur son vécu affectif et relationnel passé, sur ses choix antérieurs et ses valeurs.

Comprendre les mécanismes du vieillissement et les modalités de l'avance en âge joue par conséquent un rôle essentiel dans l'amélioration des pratiques des soignants en Ehpad.

LE VIEILLISSEMENT, UN PROCESSUS HÉTÉROGÈNE

Le vieillissement peut se définir comme l'action du temps sur les êtres vivants et comme l'ensemble des processus moléculaires, cellulaires, histologiques, physiologiques et psychologiques qui accompagnent l'avance en âge.

Pris dans sa dimension biologique, le vieillissement de chaque individu résulte de l'action conjuguée de facteurs génétiques et environnementaux dont le nombre et le poids respectifs, ainsi que les différents degrés d'interaction, rendent compte de son caractère extraordinairement hétérogène. Chacun d'entre nous se caractérise par sa marque génétique, présente pour une grande part dès la naissance. L'âge d'apparition des premières conséquences de tel ou tel facteur environnemental est tributaire de la force avec laquelle ce dernier s'applique, c'est-à-dire de sa dimension quantitative.

Mais le facteur « temps » est essentiel pour comprendre la variabilité d'apparition de telles conséquences. Ainsi, les effets d'un surpoids sur l'articulation du genou (premiers stigmates d'arthrose du genou) vont dépendre de l'intensité de la pression qui s'exerce sur cette articulation (le poids de la pression) mais également de la durée au cours de laquelle s'exerce cette pression (le temps de la pression ou la pression du temps...). Les conséquences d'une exposition aux rayons solaires sur la peau résulteront du produit de la quantité reçue par unité de temps multipliée par la durée cumulée de l'exposition.

On conçoit dès lors que la prévention de telles conséquences implique de limiter l'intensité du facteur causal ou de réduire sa durée d'action. L'interaction gène-environnement ajoute un élément de variance au seuil d'apparition des premiers stigmates conséquentiels.

Ainsi, à degré d'exposition identique au surpoids, l'âge de survenue des premières manifestations d'arthrose sera anticipé chez l'individu issu d'une famille à risque d'une telle affection, de même qu'à degré d'exposition identique aux rayonnements ultraviolets, les premiers stigmates de vieillissement cutané apparaîtront plus précocement chez l'individu caractérisé par un phototype clair – trait génétique intervenant comme facteur de susceptibilité accrue aux ultraviolets.

Il faut donc admettre une certaine inégalité des capacités de réponse ou de protection selon les individus. Cela met en lumière la nécessité de privilégier une stratégie visant à répartir le poids global de tel ou tel facteur sur la durée de vie entière, plutôt que de laisser se concentrer ses effets sur une courte période. La gestion du capital-risque peut donc s'inspirer du comportement de la cigale ou de celui, plus responsable, de la fourmi.

Finalement, les effets additionnels des nombreux facteurs de l'environnement et surtout la durée sur laquelle ils exercent leurs « méfaits » rendent compte d'un très grand nombre de combinaisons délétères et mettent en perspective autant de trajectoires individuelles possibles.

Les données démographiques ne doivent pas masquer le caractère remarquablement hétérogène du processus de vieillissement. Les tendances et les prévisions doivent être analysées avec une certaine prudence. En outre, elles expriment des valeurs moyennes, ce qui interdit de les appliquer à un individu donné car il existe bien, au contraire, une pluralité des modes de vieillissement en fonction des individus.

GÉNÉTIQUE, ENVIRONNEMENT ET EXPÉRIENCES

Excepté dans certaines maladies fortement associées à l'âge, à l'image de l'ostéoporose, on connaît mal la part jouée respectivement par les facteurs génétiques et par l'héritabilité dans le déterminisme des différents modes de vieillissement. L'héritabilité, c'est-à-dire les habitudes transmises par le comportement de nos parents, dicte une part sans doute non négligeable de nos propres comportements ultérieurs (modes alimentaires ou propension aux activités physiques...). On ne peut malgré tout exclure le fait que notre génome engage lui-même, au moins partiellement, nos habitudes de vie. Les conditions socioéconomiques affectées à chacun d'entre nous, l'éducation parentale, l'environnement professionnel, les expériences vécues tout au long d'une vie représentent autant de facteurs encore susceptibles d'expliquer des vieillissements différentiels et la variabilité des capacités à faire face à la succession de crises et de pertes qui jalonnent l'existence (capacité dite « de résilience »).

Mais le vieillissement ne saurait se résumer à un modèle biologique. Il convient de tenir compte aussi des facteurs psychologiques, des influences sociales et culturelles pour expliquer l'importante variabilité des vieillissements. Ainsi, deux crises majeures du développement sont susceptibles de ponctuer l'avance en âge :

– la crise du milieu de vie, fréquemment décrite comme un tournant entre l'état de jeune adulte et celui de la maturité, qui s'accompagne d'une certaine remise en question et de changements importants dans la vie de l'individu. Il est admis qu'elle puisse survenir et se dérouler sur une large période, de la trentaine à la cinquantaine. Les interprétations de cette crise sont plurielles et on peut la considérer comme un processus plus ou moins nécessaire et recherché. Cette crise marquerait un changement de perspective, l'être humain se référant à partir de ce moment au nombre d'années lui restant à vivre et non plus au nombre d'années vécues ;

– la crise de la pleine maturité : autour de soixante ou soixante-cinq ans, l'individu est confronté à une série de changements qui concourent à le placer face à une somme de pertes susceptibles de le précipiter dans un vieillissement accéléré, s'il n'adopte pas ou s'il ne possède pas les moyens d'élaborer les stratégies adéquates. De nombreux événements exposent au risque de cette crise, tels l'abandon du rôle de parent, la perte des responsabilités professionnelles ou d'autres fonctions sociales, associatives, syndicales ou politiques, la disparition du rôle conjugal associée au veuvage, plus fréquent chez les femmes, la chute parfois significative des ressources financières imposant des restrictions et modifications des habitudes de vie. Tout va alors dépendre pour l'individu de ses capacités à faire face à « la perte en trop ».

CAPACITÉ À FAIRE FACE ET RÉSERVES FONCTIONNELLES

Si le processus de vieillissement s'accompagne de façon inéluctable de modifications structurelles macroscopiques et microscopiques génétiquement programmées, il est capital de privilégier une approche fonctionnelle pour distinguer les différentes modalités de vieillissement.

Il est établi que, dans l'accomplissement d'actes de la vie quotidienne, nous ne mobilisons qu'environ 30 % de nos capacités fonctionnelles et que par conséquent nous bénéficions d'une certaine marge de sécurité évaluée à environ 70 % des capacités maximales, considérée comme une réserve fonctionnelle. Cette dernière constitue les ressources dont l'individu dispose pour affronter telle ou telle agression médicale et l'on conçoit qu'une baisse de ce niveau de réserve puisse fragiliser la personne. Le potentiel de réserve conditionne donc les capacités de récupération ou de restauration fonctionnelle de l'individu.

TRAJECTOIRES INDIVIDUELLES CONTRE CATÉGORISATION

La segmentation des populations en groupes d'âges revêt un intérêt démographique indéniable. Cependant, le caractère hétérogène du processus de vieillissement et la singularité des trajectoires de vie s'opposent à la définition arbitraire de seuils et de catégories d'âges considérées comme des ensembles autonomes. Une telle démarche a conduit à différencier un troisième âge (les personnes âgées), un deuxième âge (les adultes) et un premier âge (les jeunes). Ce troisième âge se distinguerait également d'un quatrième (les « vieux »), voire d'un cinquième âge (les grands vieillards).

Cette vision fragmentaire du cycle de vie s'avère particulièrement inadaptée pour au moins trois raisons : 1/ elle occulte le concept de *continuum* de la vie et d'interdépendance des différentes étapes, comme si ces périodes pouvaient être dissociées et soustraites d'un projet global de vie, alors qu'il est par ailleurs légitime de considérer que la vieillesse trouve ses premières fondations dans l'enfance et que le vieillissement se prépare tout au long de la vie, 2/ elle pérennise les stéréotypes socioculturels qui ont eu tendance, jusqu'à aujourd'hui, à véhiculer une image négative et infondée de l'avance en âge associant le processus de vieillissement à la notion de perte ou de déficit et considérant celui-ci comme un phénomène homogène, 3/ elle expose enfin au risque d'un cloisonnement des générations tandis que l'on assiste à l'émergence de sociétés de plus en plus multigénérationnelles. Elle n'incite donc pas à la mise en œuvre, pourtant nécessaire, de politiques d'intégration des âges en coordonnant les actions entreprises à toutes les étapes du cycle de vie.

TROIS MODALITÉS D'AVANCE EN ÂGE TRÈS DIFFÉRENTES

Le vieillissement, appréhendé à l'échelon des populations, se caractérise par une réduction des capacités fonctionnelles et par l'augmentation d'incidence des maladies liées à l'âge. La probabilité d'être victime de ces maladies apparaît donc plus élevée à un âge donné, mais il ne s'agit que d'une probabilité plus élevée et non d'une fatalité.

En revanche, à l'échelon individuel, et bien qu'il faille se garder d'une approche trop schématique, trois modalités évolutives de vieillissement, sous-tendant différentes trajectoires de vie, sont communément admises (figure 1) :

- *le vieillissement réussi*, à haut niveau de fonction, ou robuste, se caractérisant par le maintien des capacités fonctionnelles ou leur atteinte très modérée ;
- *le vieillissement usuel ou habituel*, qui s'en distingue par la réduction des capacités ou de certaines d'entre elles, sans que l'on puisse attribuer cet amoindrissement des fonctions à une maladie de l'organe concerné ;
- *le vieillissement avec morbidités*, dont nous avons dit précédemment qu'il était trop souvent et à tort considéré comme la seule modalité de vieillissement. Ces morbidités, plus souvent chroniques, et dont l'âge ne représente qu'un facteur de risque, vont plus particulièrement concerner la sphère affective (dépression), cognitive (démence), locomotrice, sensorielle, cardiovasculaire. Elles ont pour point commun d'être fréquemment associées à une dénutrition et d'exposer à un risque majoré de maladies aiguës, en particulier infectieuses ou traumatiques. Elles doivent de ce fait être considérées comme des déficiences, à l'origine d'incapacités fonctionnelles parfois majeures et de handicaps authentiques. Le terme de « handicap » est dès lors plus adapté pour caractériser ces états que celui de « dépendance ».

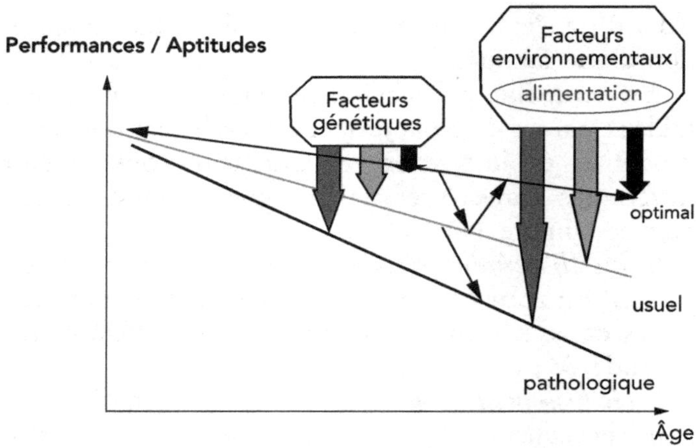

Figure 1. La droite supérieure (« optimal ») représente un nombre croissant d'individus qui suivent une trajectoire de vie caractérisée par le fait qu'elles avancent en âge sans que l'effet du temps n'impacte leurs fonctions cognitives, locomotrices et sensorielles. Ces personnes gardent toutes leurs capacités et sont pleinement autonomes (sans qu'il ne s'agisse d'une autonomie au sens de la capacité à la prise de décision). La droite inférieure (« pathologique »), concerne les personnes qui malheureusement contracteront, au fil du temps, des pathologies chroniques incapacitantes à l'origine de ce que l'on appelle « la dépendance », qualifiée aujourd'hui de « perte d'autonomie fonctionnelle », terme qu'il faudrait peut-être un jour réviser pour préciser ce concept polysémique. Enfin, la droite intermédiaire (« usuel ») représente les personnes dites « fragiles », ou qui se fragilisent. Ces dernières voient leurs capacités fonctionnelles s'infléchir dans le temps sans que l'on puisse attribuer cette perte fonctionnelle à une pathologie d'organe. Cette situation implique en particulier l'effet de la sédentarisation et de la sous-utilisation de la fonction.

Trois phénotypes (ensemble des caractères observables, apparents, d'un individu) peuvent ainsi être distingués (figure 2). Le phénotype « robuste » qui correspond au vieillissement à haut niveau de fonction, le phénotype « fragile » et le phénotype « dépendant » qui résulte de l'effet des maladies incapacitantes et caractérise la très grande majorité des résidents en Ehpad.

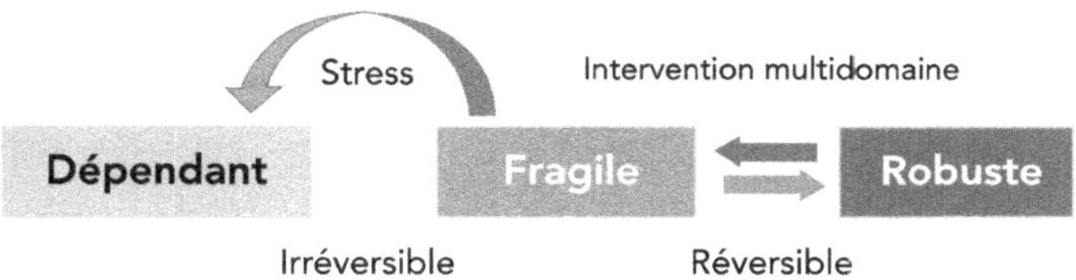

Figure 2. Les trois phénotypes de vieillissement.

L'individualisation du phénotype « fragile » revêt un intérêt majeur justifiant l'identification des personnes dites « à risque de perte d'autonomie ». En effet, il est potentiellement réversible sous l'effet d'actions de prévention et d'interventions combinées susceptibles de réduire le risque d'évolution vers un phénotype « dépendant » et de réorienter l'individu vers une trajectoire de vieillissement « robuste ».

RÉPONSES ET PLANS D'ACTION

Sur la base de ces phénotypes, les réponses et plans d'action peuvent être classés en quatre niveaux de prise en charge différenciés (figure 3).

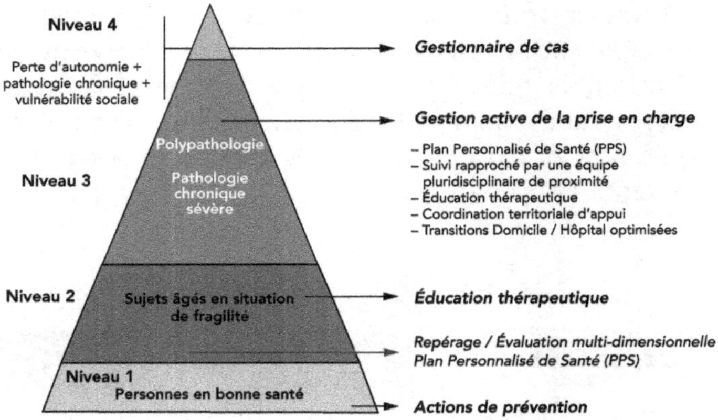

Figure 3. Des niveaux de prise en charge différenciés selon les besoins

Le niveau 1 relève d'actions de prévoyance et de prévention, le niveau 2 vise à procéder au repérage des personnes « fragiles » à risque de perte d'autonomie et à la mise en œuvre des interventions « multidomaine », le niveau 3 correspond aux patients présentant une ou plusieurs pathologies chroniques incapacitantes et le niveau 4 concerne les situations de complexité qui impliquent une réponse holistique et l'élaboration d'un plan d'aide, de soin et d'accompagnement s'appuyant sur le modèle bio-médico-psycho-socio-environnemental.

L'IMPORTANCE DE LA SÉMÉIOLOGIE ET DE LA PHYSIOPATHOLOGIE

La séméiologie (étude des signes et des symptômes des maladies) et la physiopathologie sont deux concepts essentiels pour améliorer les pratiques des soignants en Ehpad. Ces deux domaines de connaissances permettent de mieux comprendre les symptômes des résidents et les mécanismes sous-jacents des maladies qu'ils peuvent présenter. La séméiologie est particulièrement utile pour les soignants, car elle leur permet de reconnaître, d'interpréter et de communiquer efficacement sur les signes cliniques que présentent les résidents. Cela inclut, par exemple, la capacité de détecter précocement les changements subtils dans l'état de santé des résidents tels que les modifications de comportement et plus largement les signes et symptômes spécifiques à certaines maladies afin de poser un diagnostic préliminaire ou d'alerter l'équipe médicale plus rapidement pour des évaluations plus approfondies ou des interventions médicales ciblées.

La physiopathologie est l'étude des mécanismes physiologiques et de leurs dérèglements qui sous-tendent le développement des maladies. Dans le contexte des soins en Ehpad, la compréhension de la physiopathologie des maladies courantes chez les personnes âgées est primordiale pour fournir des soins adaptés et individualisés. À titre d'exemples, elle est indispensable aux soignants afin qu'ils adoptent la bonne conduite à tenir en période caniculaire pour prévenir les risques de déshydratation ou de coup de chaleur, ou dans la mise en œuvre des mesures de prévention des chutes, ou encore pour mieux comprendre l'émergence ou l'aggravation d'un trouble du comportement…

LA TRANSMISSION DES SAVOIRS EST ESSENTIELLE

Elle peut recourir à plusieurs types d'interventions ou procédures :
- une formation complète sur les procédures spécifiques de l'Ehpad, les protocoles de soins, les règles d'hygiène, la sécurité des résidents, etc., lors de l'intégration d'un nouveau soignant en tenant compte de ses prérequis et de son niveau d'expérience ;
- l'organisation régulière de sessions de formation continue afin de présenter les nouveaux protocoles et mises à jour médicales, etc. ;
- le tutorat ou mentorat afin d'encadrer les nouveaux soignants par des collègues plus expérimentés ;
- la mise à disposition de protocoles et de procédures de soins actualisés facilement accessibles aux soignants ;
- le recours aux nouvelles méthodes et techniques d'apprentissage telles que l'apprentissage par problème, les plateformes d'apprentissage en e-learning… ;
- l'organisation de réunions en interprofessionnalité pour partager les expériences et diffuser les

connaissances pertinentes en facilitant la participation active de tous les membres du personnel à l'élaboration des plans d'aide, de soins et d'accompagnement (PAP), de mises en situation telles que l'analyse des évènements indésirables ou encore des comités de retour d'expérience (CREX) ;
- la participation des soignants à des conférences, des ateliers ou des séminaires traitant des dernières avancées dans le domaine des soins aux personnes âgées ;
- l'évaluation régulière des compétences des soignants pour identifier les domaines où des améliorations sont nécessaires.

LES COMPÉTENCES DES SOIGNANTS EN EHPAD, UN ENJEU ÉTHIQUE MAJEUR

Une maîtrise accrue des compétences des soignants garantit que les résidents auprès desquels ils interviennent reçoivent des soins de qualité, respectueux de leur dignité et de leurs droits fondamentaux. Par ailleurs, en tant que professionnels de la santé, les soignants ont une responsabilité éthique envers leurs patients. Ils doivent par conséquent s'assurer de disposer des compétences nécessaires pour répondre aux besoins spécifiques des résidents et gérer les situations complexes qui peuvent les concerner.

Cette maîtrise des compétences doit également permettre aux soignants d'informer de manière adéquate les résidents sur les options de traitement et de soins disponibles, permettant ainsi aux résidents de prendre des décisions éclairées concernant leur propre santé et bien-être. Une formation approfondie et des compétences solides aident à identifier et prévenir les abus et maltraitances éventuels envers les résidents, assurant ainsi leur sécurité et leur bien-être. Elle peut contribuer également à réduire les disparités dans l'accès aux soins de qualité. Les soignants ont la responsabilité de respecter les principes éthiques fondamentaux de leur profession, notamment en garantissant la confidentialité, la bienveillance et le respect des droits des patients. Une maîtrise accrue des compétences facilite le respect de ces principes. Alors que les soignants sont fréquemment confrontés à des dilemmes éthiques complexes tels que les décisions de fin de vie, une meilleure maîtrise des compétences doit contribuer à faciliter leur prise de décision dans de telles situations.

Enfin, une formation de haute qualité pour les soignants constitue sans doute un des principaux leviers de revalorisation et d'attractivité des métiers du grand âge, devant permettre de relever les défis liés au recrutement et à la fidélisation de professionnels qualifiés dans ce secteur, enjeu majeur pour répondre aux besoins croissants de la population vieillissante.

Le paradoxe de la médecine du sujet âgé

Yves Agid, neurologue,
membre de l'Académie des sciences

Comme la médecine accroît l'espérance de vie, une nouvelle catégorie de personnes âgées est née, qui ne fait qu'augmenter en nombre. Les séniors deviennent de plus en plus nombreux, mais ils sont de plus en plus fragiles du fait de l'altération inévitable des organes, par vieillissement ou maladie. Il en résulte une diminution de l'autonomie et une augmentation de la dépendance pour une population croissante, ce qui conduit à une augmentation de l'activité médicale. La boucle est bouclée : plus on vieillit, plus on a besoin de médecins et de soignants. La santé devient un sujet permanent de préoccupations, non seulement pour les personnes âgées mais pour l'ensemble de la cité. C'est un drame social qui nous guette : d'une part, des patients atteints de diverses maladies chroniques, notamment du système nerveux, qui ont perdu toute autonomie, et qui posent un problème immédiat et angoissant de santé publique ; d'autre part, des personnes d'un très grand âge sans incapacité majeure, en nombre croissant, dont on ne sait pas trop quoi faire, et qui posent un problème sociologique et politique non moins préoccupant.

Nos institutions publiques ont du mal à anticiper une stratégie adaptée. D'abord parce qu'il faut tenir compte des structures anciennes et des habitudes. Aussi, et surtout, parce qu'il n'y a pas de solution simple et évidente pour prendre en charge les dizaines de millions de personnes âgées à venir dans le monde (165 000 centenaires en 2050, en France, au lieu de 30 000 aujourd'hui). Aménagement des logements, urbanisme, aidants professionnels, Ehpad, subventions… la société s'adapte, du mieux qu'elle peut, avec ce qu'elle a.

Cette situation offre un pactole à certains leaders de l'industrie qui rivalisent d'imagination, depuis les exercices de transmission de pensée (dont le fondement et l'efficacité n'ont jamais reçu l'ombre d'une preuve) jusqu'aux transfusions de sang de jeunes gens, en passant par la vente de perlimpinpins de toutes sortes, inoffensifs et lucratifs (pilules et pommades anti-âge, compléments alimentaires ou vitamines, anti-radicaux libres et autres nutriments qu'on retrouve joyeusement dans les urines). On ne compte plus le succès de la pose d'escalopes sur la joue, de ceintures amaigrissantes, de colifichets protecteurs et autres évacuations des mauvaises énergies, à côté desquels Diafoirus apparaît comme un enfant de chœur. Sans compter le pullulement des sous-médecines parallèles qui grèvent le budget de la Sécurité sociale. Et, tout cela, sans preuve scientifique, sans la moindre idée de ce qu'est le vieillissement humain.

Aussi, le bref message que j'aimerais apporter à tous ceux, responsables et aidants qui prennent en charge les personnes âgées, est-il d'essayer de comprendre pourquoi et comment on devient vieux, et de retenir ce qu'on sait des fondements physiologiques du vieillissement, et plus particulièrement du système nerveux.

QU'EST-CE QUE LE VIEILLISSEMENT ?

Le vieillissement ne doit plus être considéré comme une déchéance de la personne âgée et comme un repoussoir pour la société. C'est seulement le prolongement naturel de l'existence et, pourquoi pas, une nouvelle existence. Chacun se fait une idée de ce qu'est le vieillissement. Et pourtant, on se trompe, car personne n'a vécu le vieillissement d'aujourd'hui, et, de toute façon, personne n'a encore vécu son propre vieillissement.

Le vieillissement est caractérisé par la diminution des fonctions de l'organisme avec le passage du temps, ce qui se traduit par une modification des organes de notre corps. Un « embouteillage de déficits », comme disait Régis Debray. Si l'on veut améliorer le bien-être et l'insertion sociale des personnes âgées, il est indispensable de savoir de quoi on parle. En particulier, il faut démythifier les poncifs du type « la vieillesse est un naufrage » ou la version « Schtroumpf » du vieillissement proposée par les magazines à la mode. Voici quelques thèmes à prendre en compte pour mieux prendre en charge nos aînés.

QU'EST-CE QUI FAIT QU'ON A L'AIR VIEUX ?

La plupart des gens pensent qu'on a l'air vieux parce que les cheveux blanchissent ou que les rides apparaissent, parce que c'est ce que l'on voit de l'individu. Il est vrai que la somme d'une série de petites gênes contribue à certains aspects du vieillissement (douleurs articulaires, essoufflement en montant les escaliers, constipation, etc.). En fait, l'apparence de vieillissement dépend surtout de l'altération du comportement, c'est-à-dire de ce que l'on voit de la personne. Or, l'altération d'un comportement résulte du dysfonctionnement du système nerveux, et plus particulièrement du cerveau. C'est en cela que l'apparence de vieillissement dépend pour l'essentiel du vieillissement cérébral. On paraît vieux parce qu'on marche lentement, parce que l'équilibre est précaire, parce que l'élocution est plus faible, les gestes rares et le visage terne, les raisonnements émoussés, les capacités d'émerveillement estompées. On paraît vieux parce que notre comportement est celui d'un vieux, et non pas parce que les organes de notre corps fonctionnent moins bien.

Quels sont les symptômes précurseurs du vieillissement cérébral ? Un certain rétrécissement du champ de conscience, qui fait que l'individu perçoit de moins en moins le reste du monde jusqu'à ne plus s'occuper que de lui-même, mais aussi : le ralentissement du comportement général ; les oublis, le plus souvent bénins ; l'intelligence fluide (improviser des réponses en présence de questions inattendues) qui devient fragile, alors que l'intelligence cristallisée est relativement préservée (par exemple, faire des mots croisés) ; la réduction des aptitudes émotionnelles, avec une diminution de l'élan vital, voire un certain degré de dépression ; des besoins urinaires impérieux et une libido défaillante (ce dont on évite de parler). Bref, on paraît vieux parce que notre cerveau est vieux.

Le message pour les soignants est ainsi de prêter plus particulièrement attention aux différentes composantes du comportement des personnes âgées qu'ils accueillent ou accompagnent à domicile.

LE VIEILLISSEMENT S'EFFECTUE EN « PIÈCES DÉTACHÉES »

Heureusement, notre vieillissement n'est pas uniforme. On peut être tout ridé et avoir bonne allure, on peut n'avoir aucune ride et paraître très âgé. Le vieillissement de notre corps est, en effet, « différentiel ». Il s'altère à des vitesses différentes selon les organes et selon les gens : douleurs d'arthrose, constipation, diminution de la masse musculaire, perte des cheveux, etc. Autant de petites incapacités qui s'égrènent sans fin et s'accumulent. Ce qui est vrai pour l'ensemble de l'organisme prend une importance toute particulière pour le cerveau.

La différence est que le cerveau est constitué d'une quantité gigantesque de circuits de cellules nerveuses qui vieillissent à des vitesses différentes et de manières dissemblables. C'est ainsi qu'une aptitude cognitive particulière, par exemple la mémoire des faits récents, peut s'estomper alors que le reste du système nerveux est intact. Ce qui est vrai pour la mémoire peut l'être pour le langage, pour les perceptions, pour le raisonnement, pour l'humeur, pour l'attention, etc. Tout se passe comme si les structures cérébrales déficientes, responsables de ces fonctions, étaient plus fragiles que d'autres.

Encore faut-il se rappeler que, contrairement aux cellules des organes du corps, les neurones ne se multiplient pas. Autrement dit, un neurone doit vivre la durée de l'existence de l'individu. Quelle malchance, pourrait-on dire. En fait, tel n'est pas le cas, d'abord parce que les neurones sont relativement résistants, mais aussi parce qu'ils ont une étonnante capacité de compensation. En effet, les neurones, qui comportent chacun des milliers de connexions avec les autres neurones, ne meurent pas, sauf exception (par exemple en cas de maladie neurodégénérative), mais ces connexions nerveuses se font et se défont au gré des besoins du cerveau. Cependant, ces neurones âgés perdent progressivement leurs terminaisons nerveuses, ce qui explique la disparition sélective d'un nombre restreint de fonctions mentales, mais pas de toutes à la fois.

La leçon pour les soignants est qu'il faut prendre en compte le comportement de chaque personne âgée individuellement, et que, pour chaque personne âgée, l'attention doit être attirée plus particulièrement sur certaines parties défaillantes de leur comportement.

Il n'y a pas « un » mais « des » vieillissements, différents d'un individu à l'autre et différents d'un organe à l'autre.

VIEILLISSEMENT PATHOLOGIQUE OU NORMAL ?

Quand on prend de l'âge, on ne prend conscience qu'on vieillit que lorsqu'on commence à percevoir une gêne insidieuse qui persiste au lieu de régresser comme d'habitude. La question pressante qu'on se pose est de savoir si les symptômes qui vous assaillent, discrètement et de manière inattendue, sont la conséquence d'une prise d'âge normale du système nerveux ou les prémices d'une maladie neurodégénérative. C'est, du reste, une question qui se pose souvent, en pratique, dans les Ehpad.

Dans la plupart des cas, reconnaître une personne âgée considérée comme normale par rapport à une autre qui « perd la tête » est à la portée de tout le monde. Il y a des vieillards en pleine forme intellectuelle et physique, identifiés comme des hypernormaux. Cependant, pour la grande majorité des personnes âgées, la limite entre les symptômes considérés comme « normaux pour l'âge » et les mêmes symptômes possiblement « anormaux pour l'âge » n'est pas toujours évidente. Encore faut-il s'entendre sur la notion de « normal » : ce qui est normal pour l'un ne l'est pas nécessairement pour l'autre. Pour un individu donné, il y a parfois une période pendant laquelle on hésite entre l'affaiblissement normal attendu et le début insidieux d'une affection neurodégénérative. C'est une question angoissante pour le sujet âgé et son entourage. C'est une stratégie de prise en charge différente pour les soignants.

Il faut toujours avoir à l'esprit la possibilité d'une erreur de diagnostic, en particulier avec les affections qui peuvent bénéficier d'un traitement efficace. Les pièges habituels sont les troubles métaboliques qui peuvent entraîner une confusion mentale, et la dépression qui peut bénéficier d'une thérapeutique symptomatique. Avec un peu d'habitude et de sens clinique, on se fait une idée. L'astuce est de revoir le patient de manière comparative (par exemple en faisant à intervalle régulier un MMSE, *mini mental state examination*), mais ce n'est pas suffisant, car il est capital de pouvoir affirmer ou non l'existence d'une maladie neurodégénérative (de type Alzheimer ou Parkinson, par exemple).

Pourtant, les cas où il est impossible de trancher sont nombreux. Une analyse neuropsychologique complète et une neuroimagerie cérébrale permettront habituellement de rassurer ou pas. C'est un diagnostic particulièrement difficile au début d'une maladie neurodégénérative, par exemple du type Alzheimer, surtout chez la personne très âgée chez qui l'accumulation des déficits cognitifs et moteurs liée au vieillissement dit normal peuvent l'emporter. Les études comparant les troubles intellectuels reconnus avant la mort et l'analyse du cerveau *post-mortem* montre qu'un expert peut se tromper encore dans 10 % des cas, et dans 70 % des cas pour un non spécialiste.

Aussi, contrairement à ce qu'on croit, la distinction entre le vieillissement normal et le vieillissement pathologique n'est-elle pas toujours évidente. Certaines maladies neurodégénératives peuvent évoluer lentement, mimant un vieillissement « normal ». Un vieillissement « normal » peut intéresser préférentiellement une fonction cérébrale, mimant le symptôme d'une maladie neurodégénérative. Il faut savoir que, même sur un matériel d'autopsie, le diagnostic d'une maladie neurodégénérative par rapport à la normalité n'est pas évident, au point qu'on pourrait même se demander si nous ne serions pas tous atteints d'une maladie d'Alzheimer si nous parvenions à l'âge de 130 ans (Yves Agid, 2020).

Dans nos Ehpad, il faut donc être très prudent avant d'affirmer qu'un résident est « normal » ou « anormal ».

ON NE MEURT PAS DE VIEILLISSEMENT, ON MEURT DE MALADIE

L'inertie et la perte d'intérêt des personnes très âgées conduisent parfois à une sorte d'« abandonnisme », de glissement qui amène à ne plus s'occuper de soi, jusqu'à ce que la mort s'ensuive… dans la crainte ou dans l'espoir. Combien sont-ils, ceux qui demandent à mourir ? Cependant, dans la plupart des cas, la mort ne se passe pas comme on l'avait prévue. Tout simplement parce qu'il est impossible de prévoir avec certitude la survenue d'une maladie mortelle.

En fait, on ne meurt que si le cœur s'arrête définitivement. Mais que se passe-t-il si le cœur continue à battre alors que le cerveau est « mort » (ce qui peut arriver à l'occasion d'un arrêt cardiaque, par exemple) ? Si le cœur s'arrête, en l'absence d'oxygène, le cerveau commence à souffrir au bout de trois minutes, les cellules cérébrales sont définitivement lésées au bout de 10 minutes et se nécrosent rapidement par la suite. Il y a une raison à cela : le cerveau consomme une quantité d'énergie dix fois supérieure à celle des autres organes… Or, si le cerveau s'est arrêté de fonctionner, les capacités physiques et mentales vont disparaître pour aboutir soit à un coma végétatif, si le cœur continue de fonctionner, soit à la mort, si le cœur s'est arrêté.

Aussi est-il capital de distinguer, pour nos soignants, trois types d'événements pathologiques qui se succèdent :

1) Les affections « favorisantes » qui rendent la personne âgée vulnérable et qui peuvent être prévenues : traitement de l'hypertension artérielle, de l'athérosclérose, du diabète, de l'ostéoporose, de l'emphysème, de l'obésité, etc. ;
2) Les maladies « déclenchantes » sont les complications des maladies précédentes, elles n'entraînent pas directement la mort : infarctus du myocarde, accident vasculaire cérébral secondaire à un trouble du rythme cardiaque, embolie pulmonaire secondaire à une phlébite, troubles de déglutition au cours d'une maladie neurodégénérative, etc. C'est une urgence thérapeutique ;
3) Les causes immédiates de la mort sont les complications aiguës des précédentes, aboutissant à

l'arrêt cardiaque. C'est l'urgence thérapeutique absolue.

Il faut donc retenir que, grâce au progrès de la science, la médecine vient à bout d'un grand nombre de pathologies. Par exemple, on guérit aujourd'hui plus de 50 % des cancers, on ne voit presque plus d'hémorragie cérébrale, et beaucoup moins d'infarctus du myocarde, grâce au traitement de l'hypertension artérielle, etc.

Le rôle du soignant est donc double : d'une part assurer au mieux le bien-être et la bonne forme physique des résidents, mais aussi savoir détecter les prémices des maladies qui peuvent entraîner un handicap définitif ou la mort.

Références

Agid Yves, *Je m'amuse à vieillir. Le cerveau, maître du temps*, Paris, Odile Jacob, 2020.

Beauvoir Simone de, *La Vieillesse*, Paris, Gallimard, 1998.

Robert Ladislas, *Vieillissement du cerveau et démences*, Paris, Flammarion, 1998.

Que devrait-on savoir sur la vieillesse ?

Geneviève Delaisi de Parseval, psychanalyste

Comme le chantait Jacques Brel : « Mourir cela n'est rien/Mourir la belle affaire/Mais vieillir… ô vieillir » (1977).

Lorsqu'on commence à entrer dans les eaux de la vieillesse, que ce soit à titre personnel ou professionnel, quelques biscuits conceptuels sont utiles à prendre avec soi.

On sait que notre époque est atteinte de « jeunisme ». Au-delà d'un certain âge, « votre ticket n'est plus valable », selon la formule de Romain Gary. Comme psychanalyste, je remarque en tout cas que Freud lui-même s'était fait piéger par le jeunisme : lors d'une conférence de 1904, âgé alors de 48 ans, il avait dit que les personnes de cinquante ans et au-delà n'étaient plus aptes à entreprendre une psychanalyse, parce que « elles ne disposent plus de la plasticité des processus psychiques sur laquelle s'appuie le thérapeute ». Pourtant orfèvre en la matière, il a lui-même illustré, plus tard, le fait que la plasticité psychique et la capacité de création ne s'arrêtaient pas à cinquante ans : comme nombre d'auteurs, il a écrit des livres majeurs jusqu'à plus de 80 ans !

Anticipant la psychanalyse, Cicéron avait écrit un bon manuel de négociation avec la vieillesse : « Personne n'est vieux au point de ne pas penser pouvoir vivre encore un an » affirmait-il, non sans ironie dans le *De Senectute* (livre écrit à l'âge de 62 ans, très vieux pour l'époque, 44 ans avant J.-C.) dans lequel il brossait hardiment les inconvénients mais aussi les avantages de la vieillesse.

L'enseignement à tirer est que la vieillesse n'est rien en elle-même, elle se construit sur les bases de la jeunesse et la prolonge. L'expérience d'être vieux vient d'abord du regard extérieur. Le vieillissement est un jugement que nous renvoient les autres (« Vous êtes trop vieux pour... », en écho à « tu es trop grand pour... » qui rejetait l'enfant loin du paradis de l'insouciance, en écho également à « tu es trop petit pour... » qui cantonnait l'enfant à l'enfance...). On est vieux dans le regard des autres ; nul n'oblige cependant aux « figures imposées » en la matière. N'est vieux, peut-être, que celui qui a décidé de l'être... La même litanie s'impose d'ailleurs à propos du bon moment pour entrer et sortir de la ronde, à une date qui serait définie par le temps du calendrier et non par un vécu interne. Ces différentes représentations relèvent d'une conception linéaire de la vie ; elles se trouvent décalées de la réalité psychique car elles ignorent la temporalité des crises qui constituent, à mon sens, les véritables balises de l'existence.

La facilité consiste à envisager le moment de la vie qu'est la vieillesse de manière arithmétique, les dates anniversaires faisant foi de la prise d'âge d'un sujet... La métapsychologie propose cependant un autre regard. Pour la théorie psychanalytique, le déroulé de la vie se présente comme une succession de crises du développement de la libido (notre énergie psychique, notre « moteur »). Cette idée a été reprise et prolongée par certains des successeurs de Freud, notamment par le Suisse Erik Erikson, le Canadien Elliott Jacques, avec la crise de la mi-vie, quand le sujet, inquiet de se sentir lancé sur une monotone ligne droite jusqu'à la fin de son existence, éprouve souvent le désir de « refaire sa vie ». Mais aussi par la psychiatre américaine Therese Benedek qui a étudié la crise de la ménopause chez les femmes. (appelée *climacterium*). Puis arrive la crise de la maturité, autour de 65 ans, un moment qui coïncide souvent avec la retraite et tout ce qui va avec...

La vieillesse est l'une de ces crises – l'avant-dernière avant la mort. Tout se rejoue à nouveau, alors, dans le psychisme d'un sujet. Ce moment est d'autant plus difficile qu'il est minoré ou carrément scotomisé et par le sujet lui-même et par la société, aveuglés qu'ils sont – que nous sommes – par la représentation calendaire de l'existence, ignorant la temporalité individuelle des crises.

Remarquons – non sans une légère autodérision – que l'entrée en vieillesse commence souvent par le déni. Freud (1915) a décrit cela avec justesse :

> Nous soutenions volontiers que la mort est la fin nécessaire de la vie... Cependant, en réalité, nous avions l'habitude de nous comporter comme s'il en était autrement. Nous manifestions une nette tendance à « mettre de côté » la mort, à l'éliminer de notre vie. Nous essayions d'étouffer l'affaire... C'est de notre propre mort qu'il s'agit bien sûr... Personne ne croit à l'éventualité de sa propre

mort... *Dans l'inconscient, tout le monde est convaincu d'être immortel.* (Je souligne.)

Car ce qui est simple du point de vue chronologique (un âge donné) l'est moins du point de vue psychologique. L'individu a fini de grandir. Il doit faire face à un ensemble de conditions extérieures nouvelles. Il existe certes un vieillissement corporel, mais les connaissances neurologiques d'aujourd'hui montrent que l'esprit reste capable d'acquisitions cognitives considérables même à un âge avancé : il se développe, sur le plan de la pensée, des capacités de surplomb et de synthèse[1]. Ce n'est d'ailleurs pas tant le vieillissement corporel qui rend la vieillesse souvent pénible que les pertes qui apparaissent à cette période de la vie (mort ou vieillissement des parents, décès d'un conjoint, départ des enfants, divorce, retraite...).

La crise de la vieillesse est avant tout une période de désorganisation puis de réorganisation. Il s'agit alors de réinvestir d'autres « chantiers » (par exemple et dans le désordre, la cuisine, l'écoute des autres, le cinéma, un usage intelligent de la télévision, des podcasts, l'histoire de l'art, la philosophie, le bricolage – au sens lévi-straussien – bref, tout ce qui relève de la culture au meilleur sens du terme). Il existe des vies qui recommencent à la vieillesse, j'en ai rencontré ; l'élan vital a des moments variables.

Remarquons que le terme de crise est connoté de manière négative dans la langue française, qui n'en

1. Voir Susan Neiman, *Grandir. Éloge de l'âge adulte à une époque qui nous infantilise*, Paris, Premier Parallèle, 2021.

retient que le sens violent. L'ambivalence de cette notion se lit cependant dans d'autres langues. En grec ancien par exemple, le terme de *krisis* (*Κρίσις*) renvoie au sens de la prise de décision d'un sujet (à un moment important de la vie par exemple). Il en va de même dans la langue chinoise. Ces crises sont en tout cas ambivalentes : elles peuvent être violentes (telle la crise d'adolescence), mais elles témoignent en même temps de l'intégration des pulsions, elles constituent une manière de « grandir ».

Il vaut mieux, en la matière, se fier davantage à Kaïros, le dieu grec du bon moment, du moment saisi au vol, sous la forme de la chance parfois ou d'une rencontre insolite, et laisser Chronos compter les heures de manière linéaire, passablement monochrome et monotone…

On remarque que les diverses civilisations ne sont évidemment pas logées à la même enseigne à cet égard. Là où les vieux sont des sujets qui peuvent dire « nous », et pas des « pépés mémés » interchangeables, ils trouvent tout naturellement leur place dans un cycle qui les a anticipés et qui valorise leur expérience comme source de connaissance, voire de sagesse. Ils vivent dans un espace qui leur assigne une place et un rôle dans la vie collective au lieu de les considérer comme des occupants devenus indésirables d'un espace qu'ils devraient céder aux plus jeunes qu'eux. Simone de Beauvoir a brillamment illustré cela.

Ainsi, pour moi, la vieillesse n'est pas un état. Elle demeure une énigme. Un devenir. La poursuite d'une évolution.

En résumé, et quittant la loupe psychanalytique pour chausser les lunettes du bon sens, rappelons qu'on peut être vieux de plusieurs manières et que l'âge psychique est relativement indépendant de l'état civil. Nous connaissons tous des « jeunes vieux » et des « vieux jeunes » – à commencer par nous-mêmes, ne serait-ce qu'à différents moments d'une seule journée ! La leçon à en tirer consiste à ne pas se laisser piéger par la courbe en cloche censée représenter le déroulé de la vie. J'imagine à l'inverse ce déroulé en usant de la métaphore d'un escalier fait de marches irrégulières, scandé par des paliers de tailles différentes que l'on monte et descend. Et ce, sur un axe horizontal et non sur le modèle de la fameuse courbe en cloche où tout conduit vers la descente finale. « Vieillir, c'est aussi grandir », selon la philosophe Susan Neiman dans son remarquable ouvrage, *Grandir*.

Je ne peux terminer ce plaidoyer pour une vieillesse suffisamment bonne sans insister sur le cas particulier des femmes âgées (« les vieilles », ce qui sonne différemment de « les vieux »). Ces femmes âgées ont souvent accompli durant leur vie des milliers de tâches, pas toujours valorisées (c'est un euphémisme). Celles que j'appelle « des femmes aux mille récits » me font penser à la bibliothèque d'Alexandrie, célèbre dans l'Antiquité, riche de milliers de livres et à laquelle les armées de César ont mis le feu. Ne laissons pas se consumer ces femmes qu'il suffit parfois d'écouter ! Leur redonner confiance est indispensable en focalisant sur ce qu'elles savent et peuvent faire *hic et nunc*. Il y a en ce domaine un véritable plafond de verre à briser !

Paroles entendues

« On est issu d'une génération pour qui les médecins étaient des dieux. En tant que médecin, on pensait qu'on savait tout, qu'on allait pouvoir sauver tout le monde. On a fait médecine sur la base de ces idées et le patient n'avait pas vraiment son mot à dire.

Avec la loi Kouchner on a introduit le concept du droit des patients. On s'est aperçu que la médecine n'était pas toute-puissante, qu'il y avait toujours des échecs. Alors on s'oriente plutôt vers l'accompagnement, la fin de vie, les soins palliatifs... et on change sa vision de la médecine.

On peut aussi accompagner la vie. »

Médecin coordonnateur en Ehpad

« Pour un soignant, il est essentiel de savoir qu'il y a toujours une personne humaine derrière le soin. Tous les savoirs sont utiles, nous permettent d'évoluer, de changer de regard. »

Cadre infirmier dans une résidence autonomie de Partage & Vie

« À l'école on apprend les gestes techniques ; on n'apprend pas à écouter, regarder, à prendre en compte les besoins et les attentes de l'autre, à se remettre en question.

Si l'on se fie seulement aux connaissances, la prise en charge est incomplète. Nous avons besoin de compléter notre formation. Nous devons apprendre à écouter nos résidents, à écouter et regarder les autres... Nous avons tous eu la même formation initiale mais l'expérience et les émotions personnelles contribuent à une meilleure prise en charge. Nos failles s'atténuent avec le temps... »

Aide-soignante dans un Ehpad de Partage & Vie

« En début de carrière, j'étais orienté vers les soins techniques, la réussite d'un acte compliqué sans forcément tenir compte de la personne soignée. Il était, à l'époque, hors de question d'aller travailler en secteur personnes âgées.

Me rendre compte un jour que nous ne sommes pas immortels, mon expérience professionnelle et personnelle a modifié mon approche, l'a rendue plus humaine et moins technique grâce aussi à des formations en soins palliatifs et un diplôme universitaire de sophrologie. »

Cadre infirmier dans une résidence autonomie de Partage & Vie

« Pour être un bon résident, il faut avant tout être patient et savoir vivre en société. Les personnes âgées ont vécu dans leur univers pendant très longtemps et pensent que le monde est à leur image.
Après quelque temps en Ehpad, je me suis aperçu que j'utilisais un ton très autoritaire pour m'adresser aux autres. Depuis mon arrivée, je me suis assagi ; mais avant j'étais persuadé de parler sur le bon ton alors qu'il était déplacé. La communication joue un rôle essentiel. Je suis un ancien militaire, pour moi, il était acquis de s'adresser aux autres sur ce ton étant donné le contexte. Alors qu'ici c'était l'inverse, et les soignants ont remarqué le changement. »

Résident dans un Ehpad de Partage & Vie

TROISIÈME PARTIE

Préjugés à dissoudre

Présentation
Idées et générations en mouvement

Tout serait simple si ce que nous avons appris entrait directement en application, changeait aussitôt nos comportements et nous permettait d'être plus efficaces de manière immédiate. Malheureusement, il n'en va pas toujours ainsi. On peut même affirmer que, la plupart du temps, sans même que nous ne nous en rendions compte, des idées toutes faites viennent retarder ou amoindrir la mise en pratique de nos savoirs. C'est particulièrement le cas pour l'accompagnement des personnes de grand âge. Car les représentations que l'on a du vieillissement, de la vieillesse, des « vieux » viennent interférer dans les jugements, les décisions et les gestes quotidiens.

C'est pourquoi nous avons choisi d'aborder, sous cet angle, la vaste question des images collectives du grand âge et de leur évolution. Nous n'ignorons évidemment pas son ampleur et sa diversité, qui débordent largement les interrogations éthiques relatives à l'accompagnement des personnes qui en ont besoin. Mais il nous est apparu impossible de laisser de côté les nombreuses répercussions de ces préjugés sur le domaine qui nous concerne. Parce que ces jugements préconçus se retrouvent, en proportion variable, dans toutes les têtes – celles des soignants comme celles des résidents, celles des proches comme celles des gestionnaires. Parce que les effets d'exclusion, de mise à l'écart, d'invisibilisation du grand âge liés à l'imaginaire collectif ont des conséquences tangibles sur la vie quotidienne des établissements.

La situation est d'autant plus complexe qu'il n'existe pas « une représentation », homogène et unifiée, de la vieillesse, mais « des images », dissemblables, superposées ou juxtaposées, qui coexistent et se transforment. Ce que nos grands-parents pensaient n'est pas ce que nous pensons. Les codes sociaux concernant l'âge se transforment. Ce n'est pas à une vision monochrome que nous sommes confrontés, mais plutôt à un patchwork, un empilement de convictions diverses, parfois incompatibles.

Un point, malgré tout, fait l'unanimité : il est nécessaire d'en finir avec la ghettoïsation des personnes âgées, leur mise à l'écart, leur absence d'interaction avec les générations suivantes. Contre le silence, l'indifférence, voire l'ostracisme, la volonté s'affirme, de plus en plus, d'intensifier le dialogue intergénérationnel. Faire se parler jeunes et vieux, leur permettre de se rencontrer, les aider à se connaître et à s'estimer devient une action prioritaire. Sur cette nécessité, les textes qu'on va lire convergent et s'accordent, chacun à sa façon.

Perla Servan-Schreiber, journaliste, essayiste, découvre, à bientôt 80 ans, le territoire inédit d'une génération qui ne vieillit pas comme les précédentes et revendique, à condition d'être en bonne santé, d'être toujours pleinement active. Différemment, toutefois : avec plus de liberté et de sérénité, avec moins de contraintes et d'obligations. Avec aussi, peut-être surtout, l'exigence de retisser des liens constants avec les plus jeunes. À travers paroles, écoute, conseils, bien entendu, mais à travers aussi les repas communs, la table intergénérationnelle, la cuisine partagée.

Car cette femme de presse, qui a notamment fondé et dirigé, avec son mari Jean-Claude Servan-Schreiber le magazine *Psychologies*, puis la revue *Clés*, est aussi une cuisinière émérite, auteur de nombreux livres de recettes et de chroniques culinaires. Elle n'explique ici ni les secrets de ses soupes ni ceux de ses desserts au chocolat, mais insiste, dans l'entretien qu'elle a accordé à Roger-Pol Droit, sur quelques ingrédients indispensables pour restaurer la confiance entre générations. Ces pistes de réflexion, qui valent pour tous, s'adressent également aux personnes qu'atteint une forme de dépendance.

La même exigence de réinventer des liens intergénérationnels actifs se manifeste dans les réflexions d'Anna Perraudin. Cette jeune femme, formée notamment à Sciences Po, ne s'intéressait pas particulièrement au grand âge avant de travailler à Partage & Vie. Chargée de projet, elle a découvert les trésors de vie, d'émotion, de solidarité que recèlent les établissements spécialisés, les résidents, les professionnels. Et le contraste profond entre cette vie souvent intense et le désintérêt des gens plus jeunes, voire leur mépris.

Responsable également dans ce volume du compte rendu des activités de la réflexion éthique de Partage & Vie pour l'année, qui synthétise les résultats de l'enquête détaillée menée auprès d'une centaine de professionnels et les différents ateliers et dialogues thématiques qui se sont déroulés, elle livre dans son texte une analyse personnelle de la crise présente liée aux représentations de la vieillesse et propose des pistes de réflexion pour en sortir.

Pour changer les représentations de la vieillesse, il est utile de les inventorier, et de se demander en quoi, si elle est définissable, consiste effectivement la notion même de vieillissement. Sur cette question, centrale pour comprendre et défaire les idées fausses, le concours des philosophes peut s'avérer précieux.

C'est pourquoi Éric Fiat, professeur à l'université Gustave-Eiffel, se penche, avec finesse et humour, sur une série de textes marquant la distance classique entre les générations, leur incompréhension réciproque, et conduisant à examiner la conception, présente chez Montaigne, qui la reprend des Anciens, de la vieillesse comme mort progressive, extinction de la vie « par morceaux ». Au lieu de mourir d'un seul coup, on partirait, en vieillissant, pièce après pièce, si bien que la dernière heure ne verrait plus que le trépas d'un être déjà largement diminué et clairsemé.

Contre cette vision qui rend impossible la plénitude d'une vie vieille, le philosophe réexamine la notion même de vieillesse, pour montrer notamment que l'amour la transcende et surtout qu'il existe, en tout être humain, une coexistence des âges bien plus qu'un déclin constant et inexorable. C'est aussi à l'intérieur de chacun que les générations cohabitent !

Roger-Pol Droit insiste pour sa part sur la diversité et l'hétérogénéité des représentations de la vieillesse qui coexistent dans nos esprits. Héritées pour la plupart d'une longue histoire, ces représentations voient se juxtaposer par exemple la reconnaissance d'une sagesse supposée des ancêtres, qui méritent écoute et respect, la critique du mauvais caractère des vieux, aigris, égoïstes, sentencieux et la peur du déclin annonciateur de la fin de vie.

Si ces éléments subsistent effectivement dans l'imaginaire collectif contemporain, ils sont largement dominés par un double mouvement d'oubli massif et de réveil récent. Ces dernières décennies ont vu en effet la vieillesse rendue invisible, alors même que, paradoxalement, le nombre de personnes âgées devenait de plus en plus important. À cette disparition des vieux, hors de la vue, des préoccupations et de la conscience des acteurs de la société, répond aujourd'hui une volonté de faire changer cette situation. C'est pourquoi il faut clairement faire la distinction entre les représentations de la vieillesse qui favorisent le bon accompagnement des personnes âgées et celles qui l'entravent.

Ces idées fausses et nocives, il faut s'efforcer de les dissiper. Travail indispensable, mais difficile. Chacun connaît la sentence attribuée à Albert Einstein : « Il est plus facile de désintégrer un atome qu'un préjugé. » Ce n'est pas une raison pour abandonner.

« La rencontre des vieux et des jeunes est essentielle pour tous »

Perla Servan-Schreiber, essayiste et cuisinière

À bientôt 80 ans, vous êtes suractive, vous n'arrêtez pas d'écrire, de cuisiner, de faire des émissions de radio, de donner des conférences… et de réfléchir sur cette nouvelle forme de vieillesse qu'a fait naître notre époque. Vous pensez que nous n'avons pas encore suffisamment pris conscience des changements intervenus ?

Perla Servan-Schreiber – Assurément. Pourtant, ils sont visibles à l'œil nu. Mais ces changements dus à la longévité sont si récents, si nombreux et si radicaux qu'il est difficile à nos contemporains de croire ce qu'ils voient, de s'y adapter et de les nommer. Difficile aussi à nos gouvernements de faire face à cette nouvelle population, pour la soigner, et l'intégrer.

Je précise toutefois que je ne m'autorise à parler que des personnes âgées qui, comme moi, ne sont pas malades. Je tiens à le souligner tout de suite, pour qu'il n'y ait pas de malentendu. Je ne suis pas compétente pour parler de dépendance et de perte d'autonomie. Malgré tout, je crois que l'allongement de la vie, qui est récent, et les idées fausses qu'on entretient sur la vieillesse concernent tout le monde.

Nous vivons tous, chacun à sa manière, une nouvelle vieillesse. En effet, du temps de ma grand-mère, à un certain âge, avant cinquante ans, l'existence se modifiait radicalement. À la ménopause, on cessait d'être une femme en cessant de pouvoir faire des enfants, et on entrait dans la vieillesse comme dans un couvent. On disait qu'on était « vieille ». Cela voulait dire ne plus s'habiller de la même façon, ne plus fréquenter les mêmes endroits, ne plus avoir les mêmes activités… Tout changeait !

Pour moi, aujourd'hui, comme pour d'innombrables femmes, c'est l'inverse. Rien ne change ! Je n'ai pas le sentiment d'avoir changé de place, ni d'activité. J'ai bientôt 80 ans, et je dois parfois m'en convaincre moi-même. De même que certains jours j'ai l'impression d'avoir 100 ans. Bien sûr, je vois les changements de mon corps, la perte de mémoire fort handicapante, et je ressens différemment bien des choses. Mais la grande nouveauté, c'est qu'à condition d'être à peu près bien portants nous pouvons garder énergie, désir, activités et joie de vivre.

En fait, rien ne s'arrête. On peut continuer à créer, à aimer, à voyager, à innover… Alors, c'est quoi, la vieillesse ?

Eh bien, essayez de nous le dire ! Donnez-nous au moins quelques indications… Vous venez de souligner qu'aujourd'hui la vieillesse n'impose plus de changer forcément d'activité ou de style de vie. Pourtant, elle n'a pas disparu !

P. S.-S. – Le corps ne s'améliore pas, il faut le reconnaître, il se fragilise, mais le mental, pour moi, se bonifie. La spiritualité n'est plus un luxe. Le présent prend toute sa force. On a tort, me semble-t-il, d'avoir une image uniquement négative de la vieillesse. Évidemment, son association à la mort qui approche a construit sa mauvaise réputation... à tel point, bien souvent, que les gens ont davantage peur de vieillir que de mourir. On voit les vieux décliner, alors qu'on ne voit pas les morts. Cette charge d'angoisse concernant la vieillesse est très puissante. Mais elle masque non seulement la réalité nouvelle dans laquelle nous sommes entrés, mais aussi les aspects positifs de l'avancée en âge. Car il y en a.

Le premier de tous, à mon avis, est la liberté. Et c'est une découverte. Dans son livre *La Vieillesse*, Simone de Beauvoir, qui pourtant vivait mal le fait de vieillir, parle avec force de cette forme de liberté nouvelle que l'on éprouve en devenant vieux. Pour ma part, je la ressens de manière puissante. Je me sens plus libre parce que plus légère : plus de carrière ni de famille à construire, je ne vois que les gens que j'aime, plus de comptes à rendre à personne, plus besoin de se conformer aux attentes des autres... quel bonheur ! Et quel progrès !

Cette liberté est d'autant plus vive, dans ma vie quotidienne, qu'elle s'associe à une forme de tolérance inédite qui me ravit. J'ai probablement été, trop souvent, une personne aux opinions tranchées, et cette forme d'écoute et de tolérance qui vient avec l'âge est pour moi un plus, un acquis étonnant.

En vieillissant, je me sens à la fois plus tolérante et plus libre. Je rencontre en moi une nouvelle personne, amoureuse de la jeunesse des autres. Leur jeunesse m'attire comme la lumière les papillons. Sans que je sache à quoi cela tient, mais c'est comme ça, les jeunes sont également heureux avec moi. La moitié de mes amis a la moitié de mon âge !

Serait-ce une manière de fuir la vieillesse ?

P. S.-S. – Pas du tout ! Au contraire, c'est une manière de l'incarner. J'adore dire que je suis une vieille dame... D'accord, il y a peut-être un brin de coquetterie dans cette réalité, parce qu'évidemment on me dit tout de suite « mais non... ». Plus sérieusement, me dire vieille est réellement pour moi une sorte de drapeau, une fierté affichée, une nouvelle identité. De ce point de vue, j'appartiens à une nouvelle génération dans l'histoire de l'humanité, et j'en suis fière ! Évidemment que je suis vieille, mais pas du tout comme l'étaient ma mère et ma grand-mère à mon âge ! Et puis on n'est jamais vieux dans tous les domaines à la fois.

Je dois cette grâce à mes gênes pour 50 % et pour l'autre moitié aux progrès de la médecine ainsi qu'au soin que j'apporte à rester le mieux possible, curiosité en éveil et activité soutenue.

Je la dois surtout à la culture orientale dans laquelle je suis née et j'ai été élevée, et qui implique un rapport au temps plus apaisant. Une culture dans laquelle vieillir est une apothéose et non une disgrâce.

Cette nouvelle vieillesse, on se demande comment la nommer. « À aucun moment de ma vie je n'ai eu l'âge de mon état civil », disait Aragon. Aujourd'hui, nous avons chacun trois âges : celui de notre état civil, celui que l'on nous donne, et celui que l'on ressent. Et les décalages entre ces trois âges deviennent incroyables...

C'est pourquoi je n'ai aucune envie de me voir appelée « sénior », ou encore « aînée », ni d'être classée dans le troisième ou le quatrième âge, dont on ne sait jamais exactement où ils commencent ni où ils finissent. Le terme de « retraité » a bien sûr une utilité administrative, mais nous sommes de plus en plus nombreux à ne pas vouloir l'utiliser, justement parce que nous ne nous mettons pas en retrait, nous ne nous retirons pas de la vie ! Surtout pour ceux, dont je suis, qui avons eu le privilège d'exercer des métiers épanouissants.

Avec cette chance de rester au cœur de ce qu'on sait faire ou de ce qu'on peut aider à faire, l'existence continue pleinement. Je vois autour de moi des femmes qui tombent amoureuses et vivent des aventures extraordinaires au grand âge. Là, on touche au plus essentiel de l'humain, la rencontre et l'amour, et tant qu'on en est capable, alors on est pleinement vivant.

Voilà pourquoi je préfère donner aux mots de « vieux » et de « vieille » une belle signification, même si elle est nouvelle, non dépourvue de noblesse. Je propose qu'on ne change pas le mot, mais qu'on lui redonne tout son sens. Tant qu'on aura peur de ce mot de « vieux », à cause du jeunisme ambiant, on ne progressera pas, on n'incarnera pas la nouvelle vieillesse.

Un exemple frappant est le nombre de chefs d'État septuagénaires voire octogénaires. Tous ne sont pas rassurants, mais tous ont été élus. Et que dire des intellectuels, dont la vivacité d'esprit, l'humour et la mémoire impressionnent et séduisent à la fois. Cette forme d'injustice est une réalité.

Cette réalité nouvelle de la vie longue, il faut donc en faire l'apprentissage…

P. S.-S. – Pour moi, il existe une frontière qui détermine de façon radicale la manière dont on vieillit. Il s'agit d'accepter de vieillir, tout en faisant tout ce qui est en notre pouvoir pour vieillir le mieux possible. C'est agréable pour soi, mais c'est aussi un travail ! Ce travail est la condition pour continuer à nouer des liens avec les autres. Je ne vois pas pourquoi mes petits-enfants aimeraient venir me voir si j'étais désagréable à embrasser, ou si je ne ressemblais à rien sur le plan vestimentaire, ou pire si je n'étais que dans la plainte. Pourquoi auraient-ils envie de venir ? C'est évident qu'ils ne viendraient pas. Donc, pour rester vivant, pour rester en lien, on doit s'occuper au mieux de soi tout le temps – physiquement, moralement, intellectuellement. C'est un vrai boulot de bien vieillir !

Il y a, certes, une part de nature et surtout de tempérament. En ce qui me concerne, je suis née joyeuse, c'est un trésor. Malgré tout, à partir de là, il faut travailler, et commencer jeune. Il est essentiel de faire prendre conscience aux jeunes qu'ils vont vieillir, tard, mais longtemps, et qu'il y a là quelque chose à prendre en compte, un mental qu'il est important de muscler le plus tôt possible. La vie va être très longue, pour de plus en plus d'humains. Et nous cherchons encore les moyens de le faire savoir et d'aider les jeunes à s'y préparer.

Vous avez des idées pour y remédier ?

P. S.-S. – Il n'existe pas une seule solution, il faut plutôt imaginer une combinaison de petites et de grandes initiatives. La clé de tout, me semble-t-il, ce sont les rencontres entre générations, sous mille formes.

Ce qui fait en ce moment le drame de la vieillesse, ce ne sont pas les rides, c'est l'isolement, c'est l'absence de liens et le silence dans la solitude. Et si les problèmes de la vieillesse sont immenses, et vont sans doute s'accroître, les problèmes rencontrés par la jeunesse sont terribles.

Il faut donc, chaque jour, essayer d'aider, d'écouter de plus près la jeunesse et la vieillesse aujourd'hui, pour envisager avec elles des solutions. La rencontre des vieux et des jeunes est pour moi une sorte d'obsession. Parce qu'elle me semble essentielle pour tous.

C'est pourquoi il faut combattre le préjugé encore bien ancré que jeunes et vieux n'auraient rien à se dire, vivraient dans des mondes étanches et séparés. Comme si rien de ce que vivaient les uns ne pouvait intéresser les autres. Il faut en finir avec ces stéréotypes, tenter de sortir de cette panne de notre société, qui fait croire que deux populations immenses ne se comprennent plus et ne peuvent pas dialoguer.

Est-ce affaire de politique publique, d'éducation, d'initiatives individuelles ?

P. S.-S. – Pour éviter cette fracture ou au moins la réduire, tout cela doit converger, évidemment !

J'évoquerai d'abord les liens personnels, à partir de mes expériences avec mes jeunes amies. Elles me donnent de l'audace, me permettent de ne pas rester au bord de la route par rapport à la révolution numérique, qui est la fracture principale avec les nouvelles générations. De leur côté, elles viennent chercher une écoute, une expérience, une tolérance, un remède à leurs inquiétudes, peut-être une manière de mettre le doigt sur ce qu'elles viennent de dire, sans même s'en rendre compte, dans le récit de leurs difficultés momentanées. Elles me font l'amitié de dire qu'elles arrivent à se sortir de situations qui leur paraissaient inextricables une demi-heure avant, simplement parce que je les ai écoutées avec tendresse. De plus, le fait d'avoir déjà vécu leurs difficultés me rend plus simple de les partager.

Les liens numériques facilitent aussi les échanges. Si la jeunesse ne parle plus au téléphone, elle ne cesse d'écrire. Jamais on n'a autant échangé par l'écriture, ce qui crée des liens d'une nature nouvelle, qui ne sont pas forcément marqués par la légèreté et la superficialité. Ce sont des mots écrits, construits, et malgré les fautes d'orthographe et les émojis, ils incarnent la force de ce lien entre les générations qu'il faut entretenir et renforcer.

Vous êtes aussi une cuisinière célèbre pour ses conseils et ses recettes pratiques. La table est un lien entre générations ?

P. S.-S. – La table est centrale ! Le langage de la cuisine n'est pas discriminant comme la littérature ou un certain niveau de conversation. Partager le repas tisse naturellement des liens. Certaines femmes et beaucoup d'hommes ne savent pas faire à manger, ou ça ne les intéresse pas, et je peux parfaitement le comprendre. On peut désormais se nourrir à peu près convenablement sans jamais faire la cuisine. Mais faire à manger, fût-ce les choses les plus simples, et servir ce qu'on a préparé avec amour ouvre une dimension de plus.

Pour avoir retricoté une famille avec mes beaux-enfants, je suis convaincue que c'est grâce à la cuisine que nous y sommes parvenus, et dans la joie. Avec mes petits-enfants, ce sont les déjeuners du mercredi, et de tous les étés, qui leur permettent de constituer ce trésor : les souvenirs d'enfance chez leurs grands-parents. Mais aussi et surtout, c'est là que se tissent les liens entre cousins. Ces saveurs d'enfance sont des sensations inscrites pour toujours dans leur personnalité, leur mémoire, dans leur chair.

Avec tous, les liens entre générations se nouent plus aisément, à mon humble avis, autour de repas concoctés avec amour et dans la gaîté.

Encore faut-il avoir, évidemment, le minimum de moyens financiers pour se procurer de quoi préparer une nourriture de qualité. C'est un point essentiel qu'il ne faut pas oublier, à un moment où une part croissante de la population, en France, et plus encore dans le monde, connaît de graves difficultés. Faire la cuisine, bien vieillir, se maintenir en forme, tout cela coûte, et beaucoup sont inquiets de ne pas pouvoir faire face aux dépenses nécessaires dans la situation économique qui s'annonce. Oublier cette inquiétude qui pèse sur les esprits serait une grave erreur, car elle contribue à entraver les changements des mentalités.

Pour faire changer les mentalités, sur qui comptez-vous le plus ?

P. S.-S. – Les artistes, les créateurs, cinéastes, scénaristes, écrivains… Ce sont eux qui peuvent transformer l'imaginaire, le regard porté sur ces nouvelles vieilles et ces nouveaux vieux. Souvenez-vous de l'impact qu'a eu le film *Intouchables* sur le handicap. Il a changé le regard des gens sur les personnes handicapées plus que tous les arrêtés, les lois et les décrets. Il faut espérer que des créateurs de cette envergure produisent une série sur les vieux d'aujourd'hui et leurs rencontres avec les jeunes. Il faut des bandes dessinées, des spectacles, des chansons, que sais-je… le chorégraphe Prejlocaj a imaginé et monté un magnifique ballet uniquement avec des danseurs de plus de 70 ans sur « la fin de vie ».

Il faut aussi partager davantage les secrets du bien vieillir, les divulguer dans la presse, les quotidiens, les magazines, les chaînes d'informations, les radios et les réseaux sociaux. Pour faire comprendre à tous que vivre est une occupation de tous les instants. Vieillir c'est vivre, être vieux ne veut pas dire vivre moins !

Tout le monde le saura de mieux en mieux si on trouve les moyens de faire cohabiter jeunes et vieux le plus possible. Il existe par exemple une belle initiative prise par Justine Renaudet. Elle permet à des vieilles femmes seules qui ont des appartements assez grands, de louer une de leurs chambres à des étudiants. Cette plateforme en ligne, créée il y a trois ans, a déjà permis de louer 1 500 chambres en France à des jeunes de dix-huit nationalités différentes. C'est une aubaine pour tous, étudiants, personnes âgées et une occasion de belles rencontres. On peut trouver le chiffre modeste, il a le mérite d'exister et de dire que les résistances sont nombreuses : peur d'introduire un ou une étrangère chez soi, de changer son petit train-train de vie, etc.

Optimiste, donc ?

P. S.-S. – Oui, toujours, par nature et par goût ! Il y a beaucoup à faire, sur de nombreux registres, mais j'ai confiance dans l'inventivité des êtres humains. Quel que soit leur âge...

Propos recueillis par Roger-Pol Droit

L'avenir des vieux appartient aux jeunes

Anna Perraudin,
chargée de projets stratégie et organisation

Du haut de mes 28 ans, cela fait maintenant plus de deux ans que j'ai rejoint la Fondation Partage & Vie. Travailler dans le secteur du grand âge n'était pas initialement dans mes plans de carrière. J'étais fascinée par la grande institution qu'est l'hôpital public en France et plus particulièrement par la psychiatrie. L'arrivée au sein de Partage & Vie s'est faite, je dois le dire, un peu par hasard.

Comme la plupart des jeunes aujourd'hui, je ne connaissais de la vieillesse que mes grands-parents. J'ai été très peu confrontée aux personnes âgées et à l'image du vieux. Celle-ci n'était présente ni dans les livres – ou alors sous figure de repoussoir – ni au cinéma, ni dans les séries et encore moins sur les réseaux sociaux. Moi qui ai lu *Le Deuxième Sexe*[1] à l'adolescence, je n'ai découvert l'existence de l'ouvrage *La Vieillesse*[2] de Simone de Beauvoir que très récemment. Ce n'est d'ailleurs pas un hasard si

1. Simone de Beauvoir, *Le Deuxième Sexe*, Paris, Gallimard, « Folio Essais », 1986.
2. Simone de Beauvoir, *La Vieillesse*, Paris, Gallimard, « Folio Essais », 2020, p. 12.

cette œuvre est citée à maintes reprises dans notre réflexion, car les références littéraires au sujet de la vieillesse demeurent bien peu nombreuses. Je me souviens du film *Amour* de Michael Haneke et de la sensation de malaise ressentie lors du visionnage. J'étais très peu habituée à cette lenteur, à ces images, ces corps, ces façons de se mouvoir. Le film m'avait profondément émue mais m'avait surtout procuré une drôle de mélancolie et un sentiment d'angoisse. La vieillesse me mettait décidément mal à l'aise.

Les établissements pour personnes âgées, c'était un monde complètement inconnu et un peu terrifiant. Avant ma prise de poste, il m'arrivait d'ailleurs de remettre en question leur utilité et leur coût pour la société : « À quoi bon dépenser des milliards pour des vieux en état végétatif qui ont fait leur temps ? Place aux nouvelles générations, ce sont les jeunes qui ont besoin des politiques publiques ! Moi, de toute façon, je préférerais mourir jeune. » J'aimerais revenir ici sur ces préjugés et cette opposition quelque peu manichéenne entre jeunesse et vieillesse.

CACHEZ CES VIEUX QUE JE NE SAURAIS VOIR

Aujourd'hui, pour paraphraser le philosophe Georges Canguilhem, dans *Le Normal et le Pathologique*[1],

1. Georges Canguilhem, *Le Normal et le Pathologique*, Paris, Puf, « Quadrige », 2013.

le vieillissement est perçu comme un « état pathologique qui traduit la réduction des normes de vie tolérées par le vivant ». Il est ainsi pensé comme une négation et souvent envisagé à travers le prisme de la perte. Par ailleurs, depuis plus d'un siècle, les rapports sociaux s'individualisent, et ce phénomène, conjugué à l'allongement de l'espérance de vie (en plus ou moins bonne santé), fait que la personne âgée est progressivement devenue un objet de préoccupations : sociétales, démographiques, médicales, économiques. Désormais qualifiée de personne « vulnérable », elle est devenue, pour certains, exclusivement une charge.

Or, je pense qu'il est essentiel de valoriser l'image de la vieillesse pour pouvoir accompagner correctement l'avancée en âge, et intégrer décemment les personnes âgées à notre société. Mais, avant même une forme quelconque de valorisation de cet état de la vie, il conviendrait de montrer la vieillesse. Et force est de constater que les personnes âgées sont aujourd'hui largement exclues de l'espace public et des représentations collectives, surtout celles qui font face à une perte d'autonomie. Il existe aujourd'hui une ségrégation spatiale entre générations, car nous disposons de peu d'espaces où jeunes et vieux peuvent se rencontrer. Une partie de cette ségrégation résulte d'un défaut d'adaptation de l'espace urbain et des lieux publics aux personnes âgées. Mais cette partition est également volontaire : les lieux de fréquentation divergent et chaque groupe met en place des stratégies d'évitement des autres classes d'âges. La ségrégation spatiale liée à la perte d'autonomie est encore plus manifeste en raison de l'institutionnalisation. Si l'on n'a pas un proche résidant en Ehpad, on ne mettra jamais un pied dans ce type de structure.

Il est évidemment difficile de voir et de représenter la vieillesse, surtout dans le cas de la dépendance. D'une part, elle nous renvoie à une certaine conscience de nous-mêmes, de notre finitude et d'autre part, elle est associée collectivement à un problème démographique, écologique, économique et social qui semble insoluble. Elle est d'ailleurs souvent qualifiée dans le débat public de « défi » : défi économique, défi démographique, défi de la dépendance... Les représentations de la vieillesse se situent donc à la frontière de nos angoisses personnelles et des défis sociaux. Sur le plan personnel, la vieillesse effraie ; dans *La Vieillesse*, Beauvoir nous dit qu'« à 20, à 40 ans, me penser vieille, c'est me penser autre. Il y a quelque chose d'effrayant dans toute métamorphose ». Sur le plan collectif, l'évocation renvoie à l'angoisse du vieillissement de la société et questionne *in fine* la soutenabilité économique, sociale et écologique de notre système.

Dans ce contexte, comment repenser nos représentations de la vieillesse ? Comment la rendre visible ? Et comment créer du lien entre générations ?

RENDRE VISIBLE L'INVISIBLE

Quelques semaines après ma prise de poste, j'ai passé une journée « en immersion » dans un Ehpad de Partage & Vie. C'était la première fois que je passais autant de temps dans un tel établissement. Je me souviens de l'odeur qui m'a surprise à l'entrée, me disant qu'en effet, l'odeur y était désagréable, mais je me souviens surtout avoir assisté à une animation qui m'a particulièrement marquée. Il s'agissait d'une animation se tenant dans un salon d'étage et qui était assurée par le psychologue. Je ne parviens pas à me remémorer la nature exacte de l'exercice, mais il s'agissait d'un jeu visant à stimuler les fonctions cognitives des résidents.

J'ai été particulièrement surprise par la dynamique du groupe, mais surtout par la nature des interactions et des relations entre résidents. Je me souviens avoir été heurtée par la mesquinerie de certains, leur impatience mais aussi leur compétitivité. Il ne s'agit évidemment pas de traits de caractère des plus valorisants, mais cela m'avait fait sourire, car cela témoignait d'un espace plein de vie. J'ai eu un instant le sentiment d'être dans une salle de classe bien plus que dans un Ehpad. Je me rappelle, et ce malgré l'état dégradé de certains résidents, avoir beaucoup ri, m'être indignée, avoir été étonnée…

La deuxième fois que je me suis déplacée en établissement, j'ai d'abord été particulièrement surprise par la beauté du lieu et l'ambiance qui y régnait. Je me souviens avoir pensé « ça ne ressemble vraiment pas à un Ehpad ! ». Cela en disait long sur la représentation que je me faisais de ce type de structure… Ce devait être un lieu sans vie, triste et plutôt laid, sinon ça ne ressemblait pas à un Ehpad ! En somme, comme en témoignent les travaux conduits cette année, mes préjugés sur l'Ehpad ont été battus en brèche au moment où j'ai franchi le seuil d'un établissement.

Évidemment, ma vision de la vieillesse et de la dépendance a également été bousculée. Depuis deux ans, au cours de mes visites en établissements, lors des rencontres éthiques ou encore *via* des supports vidéo ou des photos, j'ai vu des personnes âgées (et bien souvent dépendantes) bouger, chanter, créer, s'exprimer, sourire, déambuler, crier, parler, pleurer, raisonner, aimer... Bref, des personnes qui étaient toujours dans la vie et dont la vie valait largement la peine d'être vécue. Je n'avais malheureusement jamais eu accès à ces morceaux de vie avant mon arrivée chez Partage & Vie.

LA GUERRE DES GÉNÉRATIONS N'AURA PAS LIEU

D'après Simone de Beauvoir, le « Vieux est autre[1] ». Il est relégué, opposé au jeune, qui est l'avenir. Cette tendance est aujourd'hui exacerbée par les « conflits de générations » : relatifs aux mœurs, aux technologies, à l'identité, à l'écologie, au travail... Cette opposition a été matérialisée par les débats sur le confinement lors du Covid, on a beaucoup parlé d'une jeunesse sacrifiée au profit des personnes âgées. Si « la frontière entre jeunesse et vieillesse est dans toutes les sociétés un

1. Simone de Beauvoir, *La Vieillesse*, *op. cit.*, p. 12.

enjeu de lutte[1] », cette lutte est définie par la société, tout comme les notions de jeunesse et de vieillesse. Elle semble en outre aujourd'hui exacerbée dans une société où la valorisation de la jeunesse et de la performance est centrale, mais surtout dans un contexte de raréfaction des ressources et de crise écologique.

Nous avons tendance *a priori* à estimer que, dans nos sociétés contemporaines, où agilité, force, beauté et performance règnent en maître, la jeunesse a l'avantage. Or, il convient de constater que la jeunesse n'est pas aujourd'hui en position de force sur le plan social et économique. En effet, concernant, par exemple, le partage des ressources – qu'elles soient économiques ou naturelles – les jeunes sont largement lésés par rapport aux générations précédentes, et particulièrement par rapport à la génération qui arrive actuellement dans le grand âge : celle des baby-boomers. À titre d'exemple, d'après une étude Kantar datant de mars 2022, il existe seulement 6,3 % de foyers modestes au sein de la population des plus de 60 ans contre 15 % en moyenne au sein de la population globale et près de 24 % au sein de la génération dite des « Millennials ».

Pour l'anthropologue américaine Margaret Mead, le « fossé de générations[2] » réside dans la manière de se représenter le monde, et il existe selon elle, lorsque s'opère une inversion de la transmission entre

1. Gérard Mauger, « La jeunesse n'est qu'un mot ». À propos d'un entretien avec Pierre Bourdieu, in *Agora débats/jeunesses*, 26, 2001, *Les Jeunes dans la société de l'information*, p. 137-142.

2. Julien Damon, « Margaret Mead. Le culturalisme et le fossé des générations », in Julien Damon (dir.), *100 penseurs de la société*, Paris, Puf, 2016, p. 149-150.

générations : les enfants transmettent à leurs parents comment vivre et appréhender le nouveau monde (technologies, mœurs, etc.). Pour autant, faut-il y voir un conflit ?

Une opposition manichéenne entre générations dans un monde en pleine mutation démographique et dans un contexte de raréfaction des ressources me paraît très dangereuse. D'après Serge Guérin, cette notion de « *clash* de générations[1] » est utilisée lorsque l'on ne comprend pas un phénomène. Il s'agirait donc d'une opposition stérile qui n'explique ni les difficultés propres à la vieillesse ni celles de la jeunesse et qui ne permet en aucun cas d'apporter des solutions. Opposer vieillesse et jeunesse dans le débat public est un non-sens car une politique de prise en charge de la vieillesse ne peut aujourd'hui être pensée sans son pendant destiné à la jeunesse, en raison des conditions économiques, démographiques et écologiques.

Si la vieillesse semble aujourd'hui en dehors du monde, c'est que la vie – plus que jamais aujourd'hui – suppose une adaptation continue au changement ; or les facultés d'adaptation sont souvent les premières à disparaître avec l'avancée en âge. Face à cette vieillesse se trouve aujourd'hui une génération qui prône un changement radical de modes de vie. Il est donc urgent de recréer du dialogue, particulièrement entre les vieux de demain – les baby-boomers – et la jeunesse. On entend d'ailleurs assez peu les vieux comme on entend assez peu les jeunes. Ce n'est pas un conflit

1. Pierre-Henri Tavoillot, Serge Guérin, *La Guerre des générations aura-t-elle lieu ?*, Paris, Calmann-Lévy, 2017.

auquel on assiste, mais des préjugés existant de part et d'autre de la courbe démographique et résultant largement d'un défaut de communication.

SE CONSTRUIRE DANS LE MONDE ET Y RESTER

Si 37 % des Français estiment que le lien intergénérationnel va se distendre dans les trente prochaines années, pour 91 % ces relations sont jugées essentielles pour la construction personnelle[1]. Le dialogue, la relation interpersonnelle entre jeunes et vieux serait ainsi un levier pour recréer du lien. Dans un monde en mutation, la construction identitaire et la projection dans l'avenir sont particulièrement complexes pour les jeunes (comme en témoignent les nombreuses questions identitaires ou l'écoanxiété), tandis que la personne âgée a quant à elle du mal à rester membre à part entière du collectif (comme en témoigne l'isolement massif des personnes âgées).

Tout comme les jeunes, les personnes âgées manifestent souvent un fort besoin de se confier, d'être entendues, pour être reconnues dans leur individualité. Récréer du lien entre jeunes et vieux à travers la parole aurait donc une triple vertu : la transmission,

1. Étude Ifop pour La France Mutualiste menée auprès d'un échantillon de 1 013 personnes représentatives de la population françaises âgées de 18 ans et plus. Les interviews ont été réalisées en ligne entre le 3 et le 5 novembre 2020.

la reconnaissance de l'individualité et de la qualité de vivant à la personne âgée et à la personne en construction. Cela permettrait également de donner à voir aux jeunes l'expérience de la vieillesse. Car si la plupart en ont peur, c'est qu'ils ne la connaissent pas. Il semble aujourd'hui compliqué de parler de soi quand on est vieux, comme si on était autorisé à parler seulement de sa jeunesse, ce qui est certes une bonne chose pour le devoir de mémoire, la transmission. Mais tout ce qui concerne la vie, l'expérience de la vieillesse, personne ne veut l'entendre, c'est l'exemple topique des relations sexuelles chez les personnes âgées. On nie la qualité de vivant à la personne vieillissante. Il est donc impératif de récréer des espaces de rencontres et de dialogues où la personne âgée serait entendue pour ce qu'elle est : une personne qui a vécu, qui est toujours vivante, et qui a encore des choses à dire.

CRÉER LES CONDITIONS DU DIALOGUE

La condition *sine qua non* pour recréer du lien est d'avoir des espaces qui le permettent, des lieux dédiés où peuvent se rencontrer le grand âge et la jeunesse. C'est notamment une des ambitions des tiers lieux qui se développent sur le territoire. Dans le cadre particulier de la dépendance, il est indispensable d'ouvrir l'Ehpad sur la cité, d'y faire entrer les enfants, les habituer non seulement aux personnes âgées mais surtout à la dépendance. Les microcrèches fleurissent aujourd'hui dans les Ehpad, mais il est nécessaire d'aller plus loin : par exemple des cantines partagées entre écoles/collèges et les Ehpad/résidences autonomie (posant moins de problèmes liés à la grande dépendance) pourraient être envisagées.

Les stages en Ehpad pourraient être encouragés, notamment dans le cadre du secondaire. Cela devrait même devenir obligatoire, au même titre qu'un stage de 3e, ou devenir une option au baccalauréat. Du côté du secteur privé, on voit pulluler les créations de plateformes mettant en relation des personnes âgées et des étudiants dans le cadre de la recherche de logements, permettant de lutter à la fois contre l'isolement des personnes âgées et les inégalités d'accès au logement chez les jeunes.

Redonner un rôle social à la personne âgée *via* la transmission (d'un savoir, d'une mémoire), le partage du patrimoine – pour ceux qui en ont les moyens – ou le simple partage d'expérience et d'écoute serait ainsi un vecteur pour changer nos représentations de la vieillesse, et ce sont les jeunes qui ont tout intérêt à en être les premiers bénéficiaires. Parallèlement, nous avons tout intérêt à ouvrir l'Ehpad et à y faire venir les enfants, adolescents et étudiants, car c'est uniquement en se confrontant à la grande dépendance qu'on réalise non seulement qu'elle vaut la peine d'être vécue mais qu'elle nous apprend et nous questionne beaucoup : sur le plan émotionnel, affectif, éthique… et ce sont ces jeunes qui seront les artisans des politiques publiques de demain.

Vieillir, est-ce mourir par morceaux ?

Éric Fiat, philosophe

Marquise, si mon visage
À quelques traits un peu vieux
Souvenez-vous qu'à mon âge
Vous ne vaudrez guère mieux

Le temps aux plus belles choses
Se plaît à faire un affront
Il saura faner vos roses
Comme il a ridé mon front

Le même cours des planètes
Règle mes jours et vos nuits,
On m'a vu ce que vous êtes
Vous serez ce que je suis.

Voilà ce que disait quelque vieil homme à quelque jeune marquise… Ce qui fit à la marquise, selon Tristan Bernard puis selon Georges Brassens, tenir à peu près ce langage :

Peut-être que je serai vieille,
Répond Marquise, cependant
J'ai vingt-six ans, mon vieux Corneille,
Et je t'emmerde en attendant.

Ces vers célébrissimes de Corneille nous semblent exprimer parfaitement *et* l'impossibilité d'échapper au temps, *et* l'assez légitime désir d'ignorer cette impossibilité.

OÙ L'ON APPREND QUE LA MARQUISE A TORT MAIS LE VIEIL HOMME PAS RAISON

Certes, est vrai ce que dit le vieil homme ! Cela se nomme en patois philosophique l'*efficacité* du temps, terme qui indique assez que le passage du temps sur les êtres n'est pas sans effets : le temps ne laisse pas intacts, intègres, semblables les êtres sur lesquels il passe, les altérant (rendant autres), aliénant (*idem*), corrompant, déformant, abîmant, usant, transformant.

Toute puissance du temps ! Toute puissance qui se marque sans doute plus vite sur ce visage-ci que sur ce visage-là, mais se marque cependant sur eux deux. Ainsi Chronos (le Temps) se conduit-il bien comme Cronos (Saturne) : il dévore tous ses enfants, défait tout ce qu'il a fait, détruit tout ce qu'il a construit, fait disparaître de l'être tout ce qu'il y fit apparaître. Oui, en vérité, toute puissance du temps, qui fait l'Homme souffrir de sa triste impuissance à conjurer, du temps, les *inévitables outrages.* On aura remarqué que cette conjuration, espoir secret de chaque nouvelle génération, jadis la promesse des enchanteurs et des druides, des fées et des sorciers, des prêtres et des sages (lesquels invitaient – il faut être juste – au consentement plutôt qu'à la conjuration), semble être devenue de nos jours celle de certains technoscientifiques. Ces derniers semblent n'avoir guère plus de succès que leurs aînés, tant il n'est pas flagrant que la DHEA (hormone supposée « antivieillissement ») soit plus efficace que la source d'éternelle jouvence, ni la chirurgie esthétique plus souveraine que la plongée dans les eaux de la claire fontaine. En somme : il ne semble pas que les scientifiques aient trouvé au bout de leur pipette ce que les magiciens n'avaient su trouver au bout de leur baguette.

Ce dernier point est contestable, comme plus généralement notre mise sur le même plan du druide et du scientifique. Il n'est que de constater combien l'espérance de vie et surtout de vie sans lourd handicap a crû de façon spectaculaire ces dernières décennies en nos contrées, pour que s'impose une immense gratitude à l'endroit du scientifique qui a permis ces croissances inouïes.

Mais… Mais il y a un « mais ». Car ces progrès n'ont pas rendu plus douces les fins de vie.

Dans une certaine mesure, ils les ont même rendues plus insupportables que jadis : quand les médecins étaient aussi peu efficaces que ceux de Molière, la décrépitude, l'hébétude, l'incontinence, le retrait, l'impuissance, la « soustraction de la vie par le menu », comme disait Montaigne, n'étaient pas vus comme choses indignes mais normales.

En revanche, après que la médecine a acquis le formidable pouvoir de faire que les morts en couche et les morts précoces, la variole, le choléra, la diphtérie, le tétanos, la polio, la syphilis ont presque disparu et qu'à 60, 70 et même 90 ans on est de plus en plus coutumièrement dans une forme sinon olympique du moins joyeusement surprenante, après donc que la médecine a acquis tous ces formidables pouvoirs, que surviennent tout de même la décrépitude, l'hébétude, l'incontinence, l'impuissance, les escarres... voilà qui semble plus indigne et scandaleux qu'en des époques où cela faisait *partie du lot*.

Tant de maîtrises acquises – à l'invitation du programme cartésien, que l'homme se rende « comme maître et possesseur de la nature », d'abord pour « la conservation de la santé, laquelle est sans doute le premier bien et le fondement de tous les autres biens de cette vie » – tant de maîtrises acquises, donc, pour que progressivement toutes se perdent en fin de vie, si par malheur Alzheimer vient ruiner la plus riche des intellectuelles, le plus puissant des chefs ! Oui, la parole du vieil homme à la jeune marquise est peut-être devenue de nos jours moins audible qu'hier, semblant moins inspirée par la douce invitation à une sagesse du consentement, que par la joie mauvaise et cynique d'annoncer le fatal flétrissement des plus belles beautés...

Aussi pouvons-nous comprendre la révolte et l'insolence de la jeune marquise, rembarrant l'allusion sadique mêlée d'un peu de désir du vieil homme aux roses qui se faneront – car dans la poésie du XVIe comme encore du XVIIe siècle les roses étaient, comme on sait, les emblèmes du corps féminin, puisque sur son corps la femme porte trois roses : sur son buste deux en boutons, entre ses cuisses une autre plus mystérieuse.

Nous pouvons ainsi comprendre sa volonté d'ignorer l'impossibilité d'échapper à la méchanceté du temps. Pourquoi s'inquiéterait-elle des pouvoirs destructeurs de Chronos, qui depuis sa naissance, bien loin de la détruire, n'a fait que la construire, bien loin de la déformer, n'a fait que la former, épanouissant, actualisant toutes les beautés et raisons qui à sa naissance n'étaient que puissances, temps qui ne lui fut que douceur ? Que décroissance vienne après croissance, corruption après génération : voilà ce qu'elle sait bien, mais d'un savoir abstrait – de ce genre de savoirs qu'on sait sans y croire. Aussi comprendra-t-on fort bien qu'elle conçoive sa vieillesse à venir comme une *impossible possibilité*, ce que rend fort bien le « peut-être » qu'il y a dans le « peut-être que je serai vieille »...

VIEILLIR : UNE IMPOSSIBLE POSSIBILITÉ

Oui, jeune marquise, n'imagine pas – comme Gréco te l'a dit, avec Queneau et Kosma – n'imagine pas que ta jeunesse puisse durer. Viendra le moment où ce qui te semblait impossible non seulement deviendra possible mais réel. Alors tu pourras dire, avec Groucho Marx, que « dans chaque vieux, il y a un jeune qui se demande ce qui a bien pu se passer... ».

Pour qui a la chance d'aller bien – et il faut encore une fois célébrer les progrès des techniques médicales qui en nos contrées ont fait beaucoup reculer la douleur physique – le vieillissement est chose relativement abstraite. L'*oubliabilité* du corps en quoi consiste la bonne santé peut donner l'illusion d'une heureuse pérennité. Mais que le corps cesse d'être le serviteur zélé des volontés de l'âme, qu'il récalcitre à monter rapidement les étages, que cette douloureuse névralgie du nerf sciatique fasse plus que demander l'attention de son propriétaire puisqu'il la requiert et même l'exige – et alors s'imposera à ce propriétaire, qu'en effet il vieillit.

Car, si la vieillesse n'est en rien une maladie, elle s'accompagne de plus de maladies que la jeunesse. Apostasie du corps ou de certaines de ses parties, impossibilité de se divertir de ce dont on voudrait pouvoir de toutes ses forces se divertir, obligation de supporter l'insupportable, de penser à ce que l'on voudrait de toutes ses forces pouvoir oublier, inoubliabilité d'un corps qui n'a plus la ductilité, la rapidité, la légèreté, la servilité, l'oubliabilité de jadis : voilà ce qui souvent rend concret un vieillissement qui sans tout cela serait peu de chose.

Répétons-le : qui a la chance d'aller bien ne se voit pas vieillir, et jouit du sentiment en partie illusoire d'une *mêmeté* ! Si nous disons ce sentiment *en partie* illusoire, c'est parce que nul ne peut ignorer totalement que, comme tout un chacun, il doit bien subir l'efficacité du temps, et son pouvoir métamorphique ; en ceci, chacun sait qu'il ne reste pas le même. Ce savoir est cependant compensé par cet autre savoir, que si le temps change les manières d'être, il ne change pas l'être de ces manières. La confrontation à une photo ancienne de soi peut être douloureuse. Mais à cette douleur le sentiment intérieur d'une pérennité est baume.

Plus douloureuse, en revanche, est souvent la confrontation au regard d'autrui.

C'est ainsi que le narrateur du *Temps retrouvé* se rendant à une matinée chez le prince et la princesse de Guermantes ne reconnaît plus personne, ni le marquis d'Argencourt avec ses cheveux et sa barbe blanche, pas plus Cambremer avec ses bajoues rouges, encore moins Gilberte devenue une grosse dame, à tel point que le temps lui semble avoir introduit une radicale discontinuité à l'intérieur de ce que l'on croyait une identité, comme s'il n'avait pas changé seulement les manières d'être, mais aussi l'être de ces manières ! Qu'Odette, que seule Odette, « rose stérilisée », n'ait pas changée, ne diminue pas l'horreur du constat de ces pages de Proust.

Oui, le hiatus entre le sentiment personnel d'une certaine pérennité et l'affirmation, dans le regard des autres, d'une radicale obsolescence est ce qui fait de mon propre vieillissement une *impossible possibilité*, ou bien une inconcevable réalité.

Or, comme Hegel nous l'a enseigné, ce qui se conçoit mal peut cependant se *représenter*. Cet auteur fait la distinction en effet entre la pensée représentative et la pensée concevante, décrivant la première comme mouvement vers la seconde, n'en étant qu'une forme imparfaite. « La représentation est la forme dans laquelle l'esprit devient conscient de soi. Cette forme n'est pas encore la conscience de soi de l'esprit parvenu à son concept comme concept. Il y a encore une certaine déficience. » Se représenter son propre vieillissement, ce n'est donc pas vraiment le concevoir, parce que chacun garde une part d'incrédulité à l'idée d'être vieux, peine à en prendre pleinement conscience. Marx (mais tendance Groucho !) encore une fois : « Dans chaque vieux, il y a un jeune qui se demande ce qui a bien pu se passer… »

Mais quelle est cette *déficience* qu'il y a dans la représentation, dont parle Hegel ? Il nous dit que « le contenu [de la représentation] est vrai », mais se diffracte en une série de *moments*, moments qui se « manifestent comme des côtés indépendants qui se rapportent les uns aux autres seulement extérieurement. Pour que le vrai contenu accède à la conscience, est nécessaire une plus haute culture, celle qui consiste à élever son intuition jusqu'au concept ».

Hegel est certes difficile, mais ce qui nous intéresse ici est qu'il murmure que la représentation ne parvient pas à unifier les différents moments qu'elle contient. Ce que nous pourrions traduire en posant qu'il est difficile à l'être humain qui vieillit de saisir l'unité des différents visages de lui qui lui sont apportés : par son miroir et par le regard d'autrui, par ses rêves et par ses sensations (rêvant de moi, je suis à peu près le même qu'il y a trente ans ! – mais, au réveil, je sens bien aux douleurs que je ressens un peu partout qu'il n'en est rien[1]), par le regard de plus jeunes que lui (qui le voient comme un vieux) et par celui de plus vieux que lui (qui le voient comme un jeune)[2].

1. D'où cette juste formule de Jean Rochefort parlant de son grand âge : « Si en te réveillant tu n'as mal nulle part… c'est que tu es mort ! » – formule ponctuée du rire inimitable du grand comédien.

2. Hegel décrit encore la déficience qu'il y a dans la représentation comme « celle d'une scission inconciliée en un en deçà et un

Or – et en cela nous osons nous séparer de Hegel – il ne nous semble pas qu'il soit possible aux hommes de concevoir clairement leur propre vieillissement. Comme si les hiatus, les déficiences, les scissions, les oscillations, les confusions dont nous venons de parler (toutes imperfections attachées à la représentation comme telle), loin de pouvoir être souverainement dépassés par un passage de la « pensée représentative » à la « pensée concevante », par un acheminement vers la claire conscience de ce que c'est que de vieillir, devaient demeurer. La grande réconciliation des différents visages de moi, ce n'est pas pour demain ! Ni donc pour aujourd'hui…

Ainsi n'aurai-je jamais que des représentations de moi et de mon avancée en âge, pour cette raison que pour savoir qui l'on est, il est impossible de se passer de miroirs – mais qu'il y a *des* miroirs et non pas un seul…

MIROIRS DE LA VIEILLESSE

Allons au miroir pour nous connaître nous-même. Sans miroirs, sans ces premiers reflets que donnèrent à nos lointains ancêtres flaques d'eau, calmes surfaces des mares, notre identité demeurerait profondément indéterminée, éparse, indéfinissable. Et c'est bien à

au-delà ». Là encore, que notre lecteur ne reproche pas trop vertement à Hegel le manque de limpidité de son style ! Mais n'est-il pas vrai qu'est coutumière l'oscillation entre des moments où l'on se sent plus jeune que l'on est, et des moments où l'on se sent plus vieux ?

cette liquidité essentielle de l'identité, à cette indétermination, à cet éclatement, à cette multiplicité, à ce caractère fugace de l'identité personnelle, que tente précisément de remédier la quête du miroir. Du miroir, j'attends qu'il rassemble, condense, ramasse en une image récapitulatrice mon identité éparpillée.

Mais l'attente sera déçue. Le face-à-face entre le moi et son image n'est pas le même aujourd'hui qu'hier et que demain : tout dépend de la qualité du miroir, de l'entrecroisement d'ombre et de lumière dans lequel la rencontre a lieu, de mon état d'âme du moment ! J'attendais du miroir qu'il me sauve de ma liquidité par sa solidité… Mais comme est éphémère cette prétendue stabilité ! Tout miroir est déformant, et pas seulement ceux des foires ! L'un est piqué, l'autre passé. Je me découvre beau en celui-ci, laid en celui-là. J'incline la lampe vers le bas, puis vers le haut, et je me découvre autre. L'image de moi que me renvoie le miroir n'est donc que *relativement* stable, relativement à l'instabilité panique que je trouve au fond de moi, et jamais aucun homme ne pourra dire qu'il se connaît parfaitement. Pour accéder à une telle connaissance, il faudrait pouvoir embrasser du regard, en un seul coup d'œil, l'ensemble de ses propres visages, du premier au dernier, du plus profond au plus superficiel, et de ce regard panoptique, et ubiquiste, seul Dieu, s'Il existe, est capable : célèbre thème du *jugement dernier*, dont Lui seul est maître.

Ainsi l'homme est un être si « ondoyant et divers » (Montaigne), si capable de métamorphoses, qu'il pourrait croire échapper à cette unique transformation qu'est le passage de la jeunesse à la vieillesse, à ce fatal passage de la croissance à la décroissance, de la génération à la corruption... S'il ne subissait déjà avant de mourir ladite corruption, indice du fait que le travail de la mort commence déjà dans la vie.

ONDOYANT ET DIVERS, MORTEL CEPENDANT

En une formule saisissante[1], Albert Cohen définit la vieillesse comme un « décès par petits morceaux », l'emploi de l'adjectif « petit » atténuant le terrible de la formule, la sympathie allant évidemment plus vite aux détaillants qu'aux grossistes, aux petits commerçants qu'aux grands distributeurs. En ceci, Cohen rejoint Montaigne :

> Dieu fait grâce à ceux à qui il soustrait la vie par le menu, c'est le seul bénéfice de la vieillesse. La dernière mort en sera d'autant moins pleine et nuisible, elle ne tuera plus qu'un demi ou un quart d'homme. Voilà une dent qui me vient de choir, sans douleur, sans effort : c'était le terme naturel de sa durée. Et cette partie de mon être et plusieurs autres sont déjà mortes, ou demi-mortes. C'est ainsi que je fonds et échappe à moi[2].

On peut certes constater chez les vieillards la nécrose de certaines parties du corps ou l'évanouissement de

1. Albert Cohen, *Le Livre de ma mère*, Paris, Gallimard, « Folio », 1995, p. 54.
2. Michel de Montaigne, *Essais* III, 13, Gallimard, « Folio », 1975, p. 398.

certaines zones de l'esprit. Ainsi, du côté du corps, ce poids mort du bras paralysé par l'hémiplégie, cette raideur d'une jambe, ce durcissement qui ici donne durillon, là oignon, ailleurs cal (car si la bonne santé de la jeunesse est contemporaine de la fluide activité du tout, la vieillesse est souvent malade du fait de raideurs, de durcissements) ; et là, du côté de l'esprit, l'inaccessibilité de certains souvenirs, la perte de certains désirs, la non-reconnaissance d'un visage ou la disparition de certaines inhibitions. En quoi en effet il est légitime de parler d'une « mort par morceaux ».

Ne faudrait-il pas cependant parier sur l'existence de ces morceaux de vie qui toujours existent, tant dans le corps que dans l'âme des personnes âgées, et même chez celles que notre époque voudrait déjà mortes parce que grabataires, aphasiques et peut-être comateuses ? Et n'y a-t-il pas quelque chose de très choquant dans la formule de Montaigne, d'une part en ce qu'elle suppose que soient déterminables des degrés d'humanité (et contre Montaigne le kantien en nous protestera, qui sait que « si les choses ont un prix l'homme lui a une dignité *sans degrés ni parties* »), d'autre part en ce qu'elle manque la radicalité de la mort ? Tant qu'il y a de la vie, il y a du possible, alors que la mort est définitivement l'impossibilité de toute possibilité.

La tentation vient alors d'opposer à cette représentation proprement *dégradante* de la vieillesse, celle de personnes âgées qui seraient souverainement préservées de ce travail de la mort en la vie : les *séniors*...

D'UNE REPRÉSENTATION À L'AUTRE

Ce n'est pas ce que nous ferons, tant cette représentation ne nous semble pas plus juste que celle à laquelle elle s'oppose. Nous voudrions ici lutter contre cette façon étonnamment clivée que notre époque a de représenter la vieillesse. Il semble qu'en effet *ou bien* on célèbre des vieux qui sont restés jeunes (les couvertures de bien des magazines spécialisés nous reviennent en mémoire, où des *séniors* étonnamment séduisants nous sourient de toutes leurs dents), *ou bien* on déplore ce naufrage que serait la vieillesse, menant à une vie « qui n'est plus une vie », à une vie de « légume » – et nous voilà saisis par le spectacle de *vieillards* attendant la mort dans un « mouroir ».

En fait, la plupart des personnes âgées ne vont *pas aussi bien* que le sénior (qui certes a changé puisqu'il a des cheveux blancs – mais a tous ses cheveux ! –, n'est plus le même puisqu'il a quelques rides – mais qui sont des rides d'expression et non des bajoues...), mais vont *mieux* que le vieillard bavant, dément. Car ces deux images ne correspondent pas à la réalité, qui est celle d'un allongement de la vie ne s'accompagnant longtemps que de handicaps mineurs. Malgré tout, un rappel régulier de cette réalité ne semble pas entamer cette présentation manichéenne des choses. Dans le rapport à l'âge, les hommes n'auraient le choix qu'entre victoire ou défaite : ou bien l'on est victorieux de l'âge et l'on devient sénior ; ou bien c'est l'âge qui emporte la victoire, et l'on devient vieillard. La superbe d'une part, la déchéance de l'autre.

Ce sont là deux manières d'éluder la question du vieillissement, deux façons de ne pas comprendre ce qu'est vieillir. Comment nous en faire une représentation qui soit la plus juste possible ? Comment éviter de projeter sur le vieillissement des représentations arbitraires, outrageusement positives ou excessivement négatives ? Notre proposition sera que la personne âgée aille au seul miroir un peu juste qui soit, le miroir que tend le véritable aimant.

OÙ L'ON APPREND QUE LE MIROIR AIMANT EST LE MOINS DÉFORMANT DES MIROIRS

Il est morne, il est taciturne
Il préside aux choses du temps
Il porte un joli nom, Saturne
Mais c'est un dieu fort inquiétant

En allant son chemin morose
Pour se désennuyer un peu
Il joue à bousculer les roses
Le temps tue le temps comme il peut

Cette saison, c'est toi, ma belle
Qui a fait les frais de son jeu
Toi qui as dû payer la gabelle
Un grain de sel dans tes cheveux

C'est pas vilain, les fleurs d'automne
Et tous les poètes l'ont dit
Je regarde et je donne
Mon billet qu'ils n'ont pas menti

Je sais par cœur toutes tes grâces
Et pour me les faire oublier
Il faudra que Saturne en fasse
Des tours d'horloge, de sablier
Et la petite pisseuse d'en face
Peut bien aller se rhabiller...

Où l'on retrouve, comme chez Corneille avec qui nous commencions, les roses féminines et le mal que leur fait Saturne. Mais à l'efficacité du temps, Brassens oppose la pérennité de l'amour – qu'il faut distinguer de la passion, laquelle idéalise son objet et donc le méconnaît, miroir flatteur mais déformant de l'identité. Ce que nous murmure ici le poète, c'est qu'il est possible d'aimer les signes du passage du temps sur un visage aimé. On espère à tout être d'être regardé jusqu'au bout comme Püppchen par Brassens[1] ou comme Madeleine Renaud par Jean-Louis Barrault. Chassés de leur théâtre, ils s'étaient réfugiés dans un petit appartement. Interrogé sur « ce qu'ils faisaient maintenant », Jean-Louis répondit que Madeleine regardait beaucoup la télé.

— Et vous ?
— Eh bien moi je regarde Madeleine.

1. *Püppchen* (petite poupée) : le surnom donné par Brassens à sa « petite amie depuis 30 ans ».

Évidemment, cela suppose que le vieillissement n'entraîne pas la fatale solitude, et il faut rendre hommage aux jeunes marquises qui n'emmerdent pas les vieillards mais déjà les... démerdent, tant la toilette peut être, quand elle est respectueuse, une façon d'hommage.

À qui malheureusement vit un peu trop seul, nous suggérerons pour finir qu'il se conçoive comme « hors d'âge ». J'ai longtemps cru qu'un cognac hors d'âge était si vieux qu'on ne pouvait lui donner d'âge. Que nenni ! Dans le flacon de cognac « hors d'âge » sont mêlés des cognacs d'âges divers, dont l'alliance crée goût et parfums sans pareils. Eh bien, de même, en moi qui balance entre deux âges se trouvent encore l'enfant qu'il fallait consoler, déjà le vieillard confus, encore l'amoureux timide, déjà le grand-père rigolo. Cela ne signifie pas que je n'aie pas « mon âge » – car l'ondoyant et divers ne l'est pas au point d'échapper à la décroissance après qu'il a crû – mais qu'on veuille bien considérer que j'en ai d'autres... et que cela est douce chose.

Car, comme disait Montaigne : « C'est tout de même chose douce que la vie, même si aisée à troubler. »

Idées qui freinent, idées qui aident

Roger-Pol Droit, philosophe, conseiller pour la réflexion éthique de Partage & Vie

À propos de la vieillesse, du vieillissement et du grand âge, chacun de nous a dans sa tête, en proportion variable, des idées toutes faites. Nous sommes tous habités par des histoires que nous nous racontons à propos des effets du temps qui passe. Ces fables, ces préjugés, ces stéréotypes, nous ne les avons évidemment pas inventés. Nous les possédons, ancrés en nous, par héritage, par imprégnation, parfois sans même nous en rendre compte. Ces idées préconçues qui flottent dans l'air du temps nous possèdent aussi, en un sens, parce qu'elles nous font penser sans vraiment réfléchir, parce qu'elles dictent en partie nos jugements et nos comportements, à notre insu.

On peut imaginer d'étudier ces représentations pour elles-mêmes, en cherchant ce qu'elles expriment de l'humanité en général, ou de notre époque en particulier. Pareille recherche, déjà partiellement entamée, déborde évidemment le cadre de cette brève étude. Je veux simplement demander ici quels types de représentations constituent des entraves, et quelles autres des soutiens, dans la perspective pratique de l'accompagnement des personnes âgées dépendantes, et dans la volonté d'améliorer l'approche éthique de cet accompagnement.

En effet, quand nous accompagnons des personnes âgées, ce que nous pensons des vieux, de la vieillesse et des derniers temps de la vie n'est pas sans impact sur nos faits et gestes. Ces représentations peuvent contribuer à modifier la mise en œuvre des savoirs que nous avons acquis, qu'ils soient médicaux ou psychologiques.

C'est donc parce qu'elle concerne directement l'éthique, dans sa dimension pratique et quotidienne, qu'il est important de se préoccuper de cette question, en cherchant à discerner les idées qui freinent et celles qui aident. Mais comment s'y prendre ? Voici quelques pistes de réflexion – résumées, provisoires, partielles, mais qui se veulent utiles.

Elles s'organisent selon deux axes principaux : d'une part, un aperçu de la diversité des approches de la vieillesse selon les cultures et les époques, d'autre part, un éclairage sur la situation actuelle et les attitudes à privilégier si l'on veut accompagner au mieux les personnes de grand âge.

DIVERSITÉ DES REPRÉSENTATIONS DE LA VIEILLESSE DANS L'HISTOIRE DES CULTURES

Une encyclopédie des images de la vieillesse reste à écrire. Elle devrait être multiculturelle, multiséculaire, et fort volumineuse. En attendant qu'elle existe un jour, on peut être sûr qu'elle montrerait combien les traditions africaines, indiennes, chinoises, et bien d'autres, ont généralement considéré les personnes âgées avec un respect particulier.

Dans de nombreux contextes traditionnels, les « ancêtres » sont reconnus détenteurs d'expérience, de sagesse, de conseils avisés. On se tourne vers eux pour avoir un avis, quand une décision difficile est à prendre, parce qu'ils sont censés avoir accumulé savoirs et réflexions. Les personnes âgées ayant traversé quantité de situations au cours de leur longue vie, leur perception des circonstances est supposée plus aiguë, à la fois mieux informée et plus pondérée que celles des jeunes.

Ces attitudes se rencontrent également dans la culture européenne et occidentale, du moins jusqu'à un certain point. Homère chante la sagesse du vieux Nestor, Virgile le respect d'Énée pour son vieux père Anchise, Ovide loue la bienveillance du couple de vieillards formé par Philémon et Baucis, et Victor Hugo glorifie encore la vieillesse, en ces termes, dans « Booz endormi » :

> Le vieillard, qui revient vers la source première,
> Entre aux jours éternels et sort des jours changeants ;
> Et l'on voit de la flamme aux yeux des jeunes gens,
> Mais dans l'œil du vieillard on voit de la lumière.

Si la civilisation occidentale n'ignore effectivement pas le respect des anciens et la dignité propre au grand âge, elle se distingue toutefois par la formulation, ancienne et puissante, de jugements négatifs concernant la vieillesse, et même la personne des vieux.

Pour Hésiode, l'un des premiers poètes grecs après Homère, dans *Les Travaux et les Jours*, la vieillesse est une malédiction : elle fait partie des maux qui se sont échappés de la boîte de Pandore pour accabler l'humanité. La première race des hommes en ignorait tout, « la vieillesse misérable sur eux ne pesait pas » (vers 116). Ce malheur s'est abattu sur eux, les contraignant au déclin et à la décrépitude.

Car la vieillesse se définit désormais comme la « détérioration de l'être vivant sous l'effet du passage du temps », selon la formule attribuée à Platon dans ses *Définitions* (411 c). Cette désorganisation progressive produirait même chez les vieillards, si l'on en croit Aristote, des traits de caractère fâcheux pour eux-mêmes et des comportements désagréables pour les autres. Dans *La Rhétorique* (Livre II, chapitre 13), le maître grec brosse un tableau très sombre des méfaits du grand âge sur celles et ceux qui l'atteignent : hésitants, devenus incapables de décider, ils seraient soupçonneux et méfiants, égoïstes et timorés, rétrécis et insensibles…

Cette représentation très noire n'incite évidemment pas à s'approcher des vieux, à les fréquenter, à leur parler. Pourtant, il est indéniable que des éléments de ce discours négatif circulent toujours, même chez ceux qui n'ont pas lu ces pages d'Aristote.

Faudrait-il en conclure que la vieillesse, dans la culture européenne, fut dans l'ensemble perçue seulement comme un malheur et une déchéance ? Ce serait aller trop vite, car deux autres représentations viennent nuancer et tempérer ce premier propos.

La première consiste à transformer le négatif en positif en insistant sur le fait que les méfaits de l'âge nous affranchissent aussi des passions et des désirs. Le vieux Céphale, dans *La République* de Platon, rapporte les propos de Sophocle, qui remercie le grand âge de l'avoir délivré de la sexualité : « J'ai quitté l'amour avec joie comme on quitte un maître furieux et intraitable », et il ajoute : « Dès que l'ardeur des passions s'est amortie, on se trouve, comme Sophocle, délivré d'une foule de tyrans insensés. »

Même son de cloche chez Sénèque : « La vieillesse a pour jouissance de n'en désirer aucune. Qu'il est doux d'avoir lassé les passions, de les avoir laissées en route ! » (*Lettres à Lucilius*, Lettre 12). Ce thème sera repris et amplifié par Montaigne : « C'est enfin tout le soulagement que je trouve en ma vieillesse, qu'elle amortit en moi plusieurs désirs et soins de quoi la vie est inquiétée, le soin du cours du monde, le soin des richesses, de la grandeur, de la science, de la santé, de moi » (*Essais* II, 28).

Au lieu du souci, la sérénité de l'indifférence. À la place de l'inquiétude, l'absence de désirs. Telle serait la face claire de la vieillesse. Voilà qui est moins sombre, moins catastrophiste que la vision du déclin intégral, mais qui malgré tout n'incite que fort peu, il faut bien le reconnaître, à juger le vieillissement vraiment positif et désirable, ou les vieillards stimulants à fréquenter.

La seconde manière classique de rendre la vieillesse moins négative, sur l'air de « à quelque chose malheur est bon », consiste à la considérer comme une entrée progressive dans la mort qui aurait l'avantage d'alléger le trépas : étant déjà mort en partie, on souffrirait moins. Comme on voit, ce n'est là aussi qu'une assez piètre valorisation du vieillissement, mais elle a ses lettres de noblesse. « Peut-on mieux sortir de la vie que quand la nature en dénoue la chaîne et nous laisse glisser vers le terme ? [...] c'est une allure commode de se sentir doucement emmené », écrit par exemple le philosophe stoïcien Sénèque (*Lettres à Lucilius,* Lettre 26).

La consolation apportée par cette mort par fragments, en pièces détachées, est valorisée plus encore par Montaigne. Le penseur précise, dans ses *Essais* : « Dieu fait grâce à ceux à qui il soustrait la vie par le menu ; c'est le seul bénéfice de la vieillesse. La dernière mort en sera d'autant moins pleine et nuisible ; elle ne tuera plus qu'un demi ou un quart d'homme. Voilà une dent qui me vient de choir, sans douleur, sans effort : c'était le terme naturel de sa durée. Et cette partie de mon être et plusieurs autres sont déjà mortes, autres demi-mortes, des plus actives et qui tenaient le premier rang pendant la vigueur de mon âge » (*Essais* III, 13).

Si nous en restions là, les arguments pour considérer le vieillissement de manière positive, vivante et désirable, seraient très faibles. Qui a envie d'être à demi-mort ? Et qui se réjouirait ardemment d'accompagner les derniers pas de morts-vivants ? Heureusement, il existe d'autres approches, plus toniques, que nous n'avons pas encore examinées.

La plus positive de toutes est développée par Cicéron dans le dialogue intitulé *De la vieillesse* (*De Senectute*). Il y prend le contrepied des représentations négatives pour faire du grand âge le temps de toutes les réalisations et perfections, de toutes les réussites et accomplissements. Sa devise pourrait être : tout va bien, tout va mieux quand on est vieux !

Sans doute a-t-il tendance à exagérer dans l'autre sens, mais les propos qu'il fait tenir à Caton, 82 ans, pour exprimer que sa vie présente est meilleure, à tous points de vue, que celle des personnes moins âgées que lui, demeure le plus bel éloge des capacités du grand âge, dont on peut attendre les plus grands bienfaits, en sachant s'y prendre.

Pour y parvenir, explique ce traité fameux, « il faut compenser ses faiblesses par un soin attentif, livrer combat [à la vieillesse] comme on se bat contre la maladie, avoir le souci de sa santé, faire raisonnablement de l'exercice, manger et boire de façon à restaurer ses forces et non à les étouffer. En vérité il ne faut pas seulement s'occuper de son corps, mais encore beaucoup plus de son intelligence et de son esprit [...]. Certes les corps s'alourdissent par l'épuisement dû à l'exercice, mais les esprits, eux, s'allègent en s'entraînant ».

Caton refuse les renoncements et critique les représentations du déclin, au profit d'un grand âge qui persiste à ne rien abdiquer. « Ainsi, lui fait dire Cicéron pour conclure, la vieillesse est-elle honorable si elle se défend par elle-même, si elle préserve solidement son propre droit, si elle ne se livre à personne, si jusqu'au dernier souffle elle règne sur les siens [...]. Si l'on se plie à cela, on pourra être vieux dans son corps, jamais dans son esprit. »

Ce manifeste de la vieillesse active, conçue comme le meilleur temps possible de l'existence à condition de s'en donner les moyens, a survécu depuis la République romaine jusqu'à nos jours. Il retrouve même à présent un regain d'actualité, pour combattre la ségrégation envers les personnes âgées et les représentations négatives qui ont fini par dominer.

Certes, jamais une représentation n'en supprime totalement une autre. Des éléments subsistent, dans l'imaginaire collectif, de toutes les conceptions antérieures, dessinant un paysage multiforme et contrasté. Mais cette pérennité n'empêche pas les changements de configuration, l'évolution de l'ensemble – ni l'émergence de nouveautés.

LES RUPTURES MODERNES : LA VIEILLESSE EFFACÉE

Les Temps modernes, avec Descartes, marquent une rupture importante dans l'histoire des représentations de la vieillesse. Convaincu que la connaissance doit servir à rendre le monde plus vivable, Descartes compte sur le savoir pour alléger les maux de la vieillesse et sur la prévention pour les écarter. Dans son célèbre *Discours de la méthode* (1637), il écrit par exemple : « On se pourrait exempter d'une infinité de maladies tant du corps que de l'esprit, *et peut-être même de l'affaiblissement de la vieillesse*, si on avait assez de connaissances de leurs causes et de tous les remèdes dont la nature nous a pourvus[1] ».

1. René Descartes, *Discours de la Méthode*, 6e partie, § 2, Paris, Flammarion, « GF », 2016.

Les moyens d'atteindre le but sont encore imprécis, mais l'objectif est parfaitement clair, et il est radicalement nouveau : il s'agit de supprimer la vieillesse, de la faire disparaître totalement par les moyens de la science et de la technique. Ce rêve d'éradiquer la vieillesse ne cessera plus d'habiter les mentalités modernes. Avec, comme chacun sait, des conséquences à double tranchant : d'un côté des progrès sans précédent de l'espérance de vie en bonne santé, d'un autre côté un déni, lui aussi sans précédent, des réalités du vieillissement.

Car si nous sommes parvenus, comme l'imaginait Descartes, à « une vieillesse beaucoup plus longue et plus heureuse », nous sommes très loin d'avoir purement et simplement anéanti le vieillissement, si tant est que ce soit réalisable. Au contraire, il y a infiniment plus de personnes âgées et de questions à résoudre. Or un autre paradoxe du présent est que ce nombre croissant est rendu systématiquement invisible.

En effet, ce qui caractérise le plus fortement l'époque moderne est bien la mise à l'écart de la vieillesse, son évincement de l'espace de la représentation. Parmi les philosophes, Nietzsche le premier a diagnostiqué la cause de cet ostracisme dans la priorité accordée au futur par la société contemporaine : « Les hommes des "idées modernes", écrit-il dans *Par delà le bien et le mal* (§ 260), croient presque instinctivement au "progrès" et à "l'avenir" et ont de moins en moins le respect de la vieillesse. »

Nietzsche discerne un point essentiel : la vieillesse porte la marque du passé, elle incarne la finitude, ou la stabilité, c'est-à-dire l'inverse du progrès. Si tout doit absolument être positif, dynamique, tourné vers la conquête, l'innovation, et l'intensité, sans jamais regarder en arrière, en permanente « disruption », alors on se désintéressera des vieux, qui ne produisent plus rien, ne comprennent plus la nouveauté et sont dans la nostalgie d'hier plutôt que la construction de demain.

En fait cette domination de l'avenir va de pair avec le « jeunisme » qui valorise exclusivement les nouvelles générations et déprécie les vieux.

AUJOURD'HUI, UNE PANNE DE REPRÉSENTATION ?

Malgré tout, il semble que notre XXIe siècle se caractérise plutôt par une panne de représentation. On ne trouve la vieillesse ni terrifiante, ni agréable, ni neutre, ni contrastée… On ne la voit plus du tout ! Il n'y a pas, ou presque pas, de représentation collective, vivante, circulante, concernant les vieux.

On devrait parler d'une sorte d'éclipse des représentations du grand âge. Elles continuent certes d'exister, mais elles ne persistent qu'à bas bruit, floutées, dans l'ombre. Ce qui domine, c'est l'invisibilité, le silence, l'indifférence. Dans l'ensemble, on parle très peu de la vieillesse, sauf pour la combattre (comment rester toujours jeune) ou pour la nier (la vieillesse n'existe pas).

Une forme de mise à l'écart de la vieillesse s'est mise en place : dans les films ou les séries, dans les émissions de télévision, dans la littérature ou la bande dessinée, on ne trouve que très peu de personnages âgés, très peu de figures de vieilles femmes ou de vieux hommes. Dans les discours politiques, les préoccupations publiques, dans l'ensemble des grands débats d'actualité, l'absence des personnes âgées est frappante. On ne se demande publiquement ni qui elles sont, ni si elles vivent des situations spécifiques, ni si elles relèvent de politiques adaptées.

S'est développé, tout au long du XXe siècle, un processus d'invisibilisation de la vieillesse, multifactoriel, qui fait système avec d'autres traits majeurs de l'époque : déni de la finitude du corps, fantasmes d'illimité, refus du négatif, remplacement du réel par le virtuel, mise à l'écart de la mort.

Ce processus d'invisibilisation a créé une situation très paradoxale. Au moment où les personnes âgées sont devenues de plus en plus nombreuses, on s'est de moins en moins préoccupé de représenter leur existence et leur condition.

Bien sûr, la gérontologie et la gériatrie existent, et se sont penchées sur ces questions de manière méthodique et scientifique, en s'efforçant de prendre en compte toutes les dimensions du vieillissement. Le professeur Claude Jeandel souligne à juste titre les progrès accomplis en matière de savoirs et de formations des accompagnants. Mais les images sociales collectives et l'air du temps n'en demeurent pas moins présents.

Une des questions éthiques dont nous devons tenir compte concerne précisément l'impact de cette non-représentation de la vieillesse sur la transmission des savoirs. Si on ne pense pas la vieillesse, si on ne la voit plus – ou à peine, de biais, de loin… – on n'a pas de raison de s'informer des progrès des connaissances, ou de prendre des mesures de prévention pour les siens ou pour soi-même...

Tous les professionnels de l'accompagnement des personnes âgées témoignent des effets multiples engendrés par l'ignorance, l'imprévoyance, la négligence ou l'indifférence qui découlent de la carence de représentation de la vieillesse dans nos sociétés.

Cette situation a été remarquablement décrite par Simone de Beauvoir dans un essai publié en 1970, intitulé simplement *La Vieillesse*. Ce livre vaut d'être redécouvert, étudié, discuté et réactualisé. Ses analyses, dont beaucoup demeurent pertinentes, portent sur les préjugés et négligences, l'indifférence et le mépris de notre société envers la vieillesse, la propension à l'âgisme et ses méfaits.

La philosophe y écrit par exemple : « Pour la société, la vieillesse apparaît comme une sorte de secret honteux dont il est indécent de parler. Sur la femme, l'enfant, l'adolescent, il existe dans tous les domaines une abondante littérature ; en dehors des ouvrages spécialisés les allusions à la vieillesse sont très rares. »

Elle souligne également les doubles contraintes pesant sur les personnes âgées, les contradictions dans les exigences dont elles font l'objet, et la manière dont ces situations aboutissent à une forme insidieuse d'exclusion :

> Si les vieillards manifestent les mêmes désirs, les mêmes sentiments, les mêmes revendications que les jeunes, ils scandalisent ; chez eux l'amour, la jalousie semblent odieux ou ridicules, la sexualité répugnante, la violence dérisoire. Ils doivent donner l'exemple de toutes les vertus.

> Avant tout on réclame d'eux la sérénité ; on affirme qu'ils la possèdent, ce qui autorise à se désintéresser de leur malheur. L'image sublimée qu'on leur propose d'eux-mêmes, c'est celle du Sage auréolé de cheveux blancs, riche d'expérience et vénérable, qui domine de très haut la condition humaine ; s'ils s'en écartent, alors ils tombent en dessous : l'image qui s'oppose à la première, c'est celle du vieux fou qui radote et extravague et dont les enfants se moquent. De toute façon, par leur vertu ou par leur abjection ils se situent hors de l'humanité.

Simone de Beauvoir insiste également sur le scandale de la mise à l'écart, sociale et mentale, des personnes âgées :

> Que pendant les quinze ou vingt dernières années de sa vie un homme ne soit plus qu'un laissé pour compte, cela manifeste l'échec de notre civilisation : cette évidence nous prendrait à la gorge si nous considérions les vieillards comme des hommes, ayant une vie d'homme derrière eux, et non comme des cadavres ambulants.

La limite de ce livre important, c'est la croyance marxiste aveugle qui l'anime. Simone de Beauvoir imagine que la « société bourgeoise » et « l'exploitation capitaliste » se trouvent *seules* responsables des situations qu'elle dénonce, ce qui l'entraîne à proposer des solutions imaginaires à des problèmes réels. Problèmes réels : la mise à l'écart des personnes âgées et ses multiples effets pervers. Solutions imaginaires : la révolution qui mettrait fin au capitalisme.

Pour ma part, je ne vois pas du tout en quoi, si elle existait, cette révolution devrait du même coup mettre fin à l'âgisme et aux effets discriminatoires des représentations négatives de la vieillesse. Il est très naïf de penser qu'un bouleversement social suffit à changer des idées ancrées depuis des générations. Il me semble plus pertinent d'envisager d'autres solutions – sans recette miracle, mais avec quelques pistes à creuser.

UNE DÉFINITION INTROUVABLE

Il faudrait d'abord revenir sur quelques spécificités *conceptuelles* de la vieillesse. Il n'est pas certain qu'il soit suffisant de définir la vieillesse de manière uniquement privative : moins de forces, moins d'autonomie, moins de capacités. Au lieu de caractériser la vieillesse par une longue série de *dé*-valorisations (déclin, déchéance, dépendance, désintérêt, dévitalisation…), il faudrait s'efforcer de la représenter comme *une vie qui se poursuit pleinement sous de nouvelles modalités*.

Sans doute faudrait-il insister aussi sur les pièges de l'unification. « La vieillesse » n'est qu'une représentation englobante et finalement artificielle. Il n'existe que des individus dont la vie se poursuit au sein des transformations de leur corps et de leur psychisme – transformations infiniment diverses selon les personnes, et dont il est abusif d'uniformiser les rythmes, les modalités, les intensités et les manifestations.

La vieillesse, plutôt qu'une idée générale, ce sont des expériences vécues individuelles, singulières pour chacun, et difficiles à universaliser.

Ce serait donc une aide de sortir, autant que possible, des jugements globaux et des caractérisations à prétention universelle.

Inutile, par exemple, de se demander si « la vieillesse » est sagesse (il y a de vieux fous comme de jeunes sages), si « la vieillesse » est naufrage (il y a de vaillants centenaires comme des adolescents délabrés), si « la vieillesse » est par nature respectable (en quoi un vieux salaud est-il plus digne qu'une jeune crapule ?) ou par essence plus sereine.

Ce qui compte, ce n'est pas « la vieillesse », ce sont les individus, quel que soit leur âge, quel que soit leur état physique et mental, et l'essentiel est ce qui se met en place *entre* les personnes : entre elles et leurs familles, entre elles et leurs amis, leurs voisins, leur entourage, leurs soignants et accompagnants, si elles vivent dans une résidence.

Parce que les êtres humains ne vivent pas que d'aliments et de boissons. Ils vivent avant tout d'interactions, de relations, de paroles ou de regards échangés, de gestes qui signifient.

Finalement, toutes les représentations de la vieillesse qui suspendent ou entravent ces interactions et ces gestes symboliques sont à combattre. Et sont à soutenir et à consolider toutes celles qui favorisent ces relations entre humains, quel que soit leur âge.

Cela a déjà commencé. Peu à peu, on réintègre, ces dernières années, la vieillesse dans les préoccupations collectives, on tente de combattre l'âgisme, de combler les lacunes, d'inventer de nouvelles règles, de nouveaux discours. Quantité de questions naguère occultées commencent à être posées, que ce soit la sexualité des personnes âgées, ou leur part d'autonomie plutôt que de dépendance. Ces transformations commencent à tisser une autre représentation, qui a de fortes chances d'être très différente de celles des temps précédents. Ce n'est qu'un début.

Paroles entendues

« Il faudrait que le handicap et la vieillesse soient plus visibles pour qu'ils soient mieux acceptés. Lorsque l'on isole, on crée de la peur, si l'on ouvre cela permet au monde extérieur d'avoir moins peur et de penser autrement. Il faut favoriser les dispositifs comme les écoles qui viennent manger à l'Ehpad, la mixité intergénérationnelle, la transmission des connaissances… »

Infirmière diplômée d'État
d'une résidence autonomie de Partage & Vie

« Il y a 19 ans je suis rentrée dans une maison de retraite qui ressemblait fortement à un mouroir, je me suis dit qu'il fallait changer de modèle, qu'une personne âgée était avant tout une personne. Aujourd'hui je les vois comme des personnes, avec leur histoire, leur passé, j'essaie de leur apporter de l'écoute et ma joie de vivre. Ils m'apportent leur passé, leur histoire, c'est un enrichissement mutuel. »

Auxiliaire de vie sociale,
intervenant dans une résidence autonomie
de Partage & Vie

« Je suis [dans cette résidence] depuis un an avec mon épouse. Lorsque je suis arrivé, la première chose qu'on m'a demandée c'est quels étaient mes souhaits en matière d'animation. J'ai répondu que j'aimerais écouter de la musique classique, on m'a répondu que ça n'existait pas.
Mais on m'a dit qu'on pouvait créer un atelier si je l'animais. Au départ tout le monde était sceptique. Lors de la

première séance, il n'y avait que six personnes, dont une qui est sortie en claquant la porte. Aujourd'hui on en est au vingtième concert et la salle est devenue trop petite ! On me pose des questions qui me bouleversent : quel est le programme ? Peut-on programmer tel artiste ? Peut-on décaler la date du concert car je ne pourrai pas être là…
Ma voisine de palier qui avait presque 100 ans m'a dit un jour qu'elle venait au concert même si elle n'avait plus de forces. À la suite du concert elle m'a embrassé en pleurant d'émotion et elle est décédée 5 jours plus tard. On est aujourd'hui à deux concerts par mois et on vient d'entamer un cycle autour du jazz des années 1950 et 1960, on a un public différent. On a étendu l'activité aux résidents des Églantines ; au dernier concert j'ai vu un Monsieur qui semblait complètement absent et inerte mais il battait la mesure avec son pied.
Je suis ici depuis un an, la décision n'a pas été facile. C'est le fruit de discussions de couple et avec les enfants. En arrivant ici, on a renoncé à notre indépendance, la transition n'était pas simple. Il a fallu comprendre le rôle de chacun. On est un peu perdu quand on arrive. Mais devenir dépendant ne veut pas dire basculer dans un état de soumission et d'indifférence. Se mettre au service de la communauté est une façon de demeurer actif. »

Résident d'une petite unité de vie
de Partage & Vie

« L'idée que les Ehpad sont des lieux pour venir y mourir me rebute énormément. Pour moi, ce sont aujourd'hui des lieux de vie, de petits villages dans lesquels nous avons notre rôle à jouer en tant que professionnels afin d'apporter à chacun bien-être et joie de vivre. »

Psychologue dans un Ehpad
de Partage & Vie

« J'avais une image des maisons de retraite très dégradée. Accepter l'idée que ma grand-mère intègre [cette résidence] a été très difficile. Mais depuis qu'elle est entrée, il y a trois ans, on constate une nette amélioration de son état. Je ne l'aurais jamais soupçonné, mais je pense que les relations sociales ici ont réellement un impact positif. On ne parle jamais de la vieillesse ou alors seulement quand il y a un scandale. Il y a peu d'espace pour penser, discuter de la vieillesse, il manque des espaces de réflexion sur le sujet. »

Petit-fils d'une résidente
d'une résidence autonomie de Partage & Vie

« Je suis entré dans l'établissement en tant que stagiaire et j'avais peur que les personnes âgées ne m'acceptent pas. J'ai découvert que les personnes âgées étaient encore parfaitement en vie, que le plus important c'est l'histoire de vie, les petites choses que l'on peut vivre avec les gens, ce qu'ils décident de partager avec nous. Le plus important c'est de rester humain. La déontologie préconise de ne pas basculer sur le terrain de l'affectivité et on m'a reproché d'être trop dans l'affect. Mais mon éthique est d'être dans la relation interpersonnelle, je vis des moments de joie mais aussi de douleur, je partage parfois ces moments de douleur avec les familles. »

Animateur dans une résidence autonomie
de Partage & Vie

Conclusion

L'essentiel à savoir pour bien accompagner et soigner les personnes âgées

Dominique Monneron, délégué aux relations institutionnelles à Partage & Vie

Après six ans passés à la direction opérationnelle de Partage & Vie, ce qui me frappe tout d'abord, c'est la grande diversité des savoirs mobilisés pour accomplir notre tâche. Elle a en effet une dimension à la fois technique, car la science et le savoir-faire nous sont d'un secours précieux pour faire face aux multiples situations que nous rencontrons au jour le jour, et humaine, puisque notre activité, on ne le répétera jamais assez, implique avant tout la relation entre des personnes soignées et accompagnées et des personnes soignantes et accompagnantes. Relation pour laquelle la froide approche technique et scientifique sur laquelle se fonde une gestion industrielle de la performance ne peut suffire à garantir d'atteindre nos objectifs. C'est donc à la lumière de cette diversité fondée sur mon expérience passée que je souhaite mettre en valeur quelques savoirs qui me paraissent essentiels.

SAVOIR QUE NOUS AVONS AFFAIRE À DES ADULTES

La première chose que j'ai apprise, qui me paraît absolument fondamentale, et qui a déjà été soulignée dans cet ouvrage, c'est que nous avons affaire dans nos métiers, principalement celui de l'accompagnement des personnes âgées, mais c'est également vrai pour celui des personnes handicapées, à des adultes.

Ce premier savoir mérite un approfondissement réfléchi et un partage avec tous ceux qui sont parties prenantes de notre relation de soin et d'accompagnement, bien sûr nos professionnels, mais aussi les familles, mais également les résidents ou les patients eux-mêmes. Il faut que tous aient conscience de ce statut d'adulte et sachent que cette connaissance est essentielle pour comprendre le sens de ce que nous faisons.

Qu'est-ce qu'être adulte ? Un peu de travail de recherche conduit à constater que ce terme très usité du langage commun n'a pas fait l'objet d'un approfondissement aussi intense que celui consacré au statut de l'enfant. Essayons cependant d'en dessiner quelques traits. L'étymologie nous apprend qu'il se construit, en latin, à partir du participe passé du verbe *adulescere* qui veut dire « être en train de grandir ». En conséquence, l'adulte est celui qui a cessé de grandir, qui est arrivé à maturité dans son statut d'être humain.

Si on l'oppose à l'enfant (y compris en son stade ultime qui est l'adolescent, du participe présent *adulescens*, du même verbe latin), là encore l'étymologie nous renseigne ou nous donne du moins des pistes de réflexion. *In-fans*, en latin, est le petit être qui ne parle pas. Venant à désigner l'être humain en croissance, on peut considérer que le terme d'enfant ne fait pas référence à la capacité physique à parler mais au caractère symbolique d'une parole qui ne fait pas autorité face à celle, justement, des adultes (quand bien même l'attention portée à la parole des enfants et des adolescents s'est heureusement développée ces dernières décennies, sans pour autant se libérer de sa validation par une parole adulte).

L'adulte, par opposition, est donc celui qui a « voix au chapitre » au sein de la communauté humaine, celui dont la parole compte tout autant que celle d'un autre adulte et peut être formulée de façon autonome. Or cette autonomie (au sens propre : la capacité à se fixer à soi-même sa propre norme) est à la base de la dignité humaine. Pic de la Mirandole, dans l'introduction de son *Discours sur la Dignité de l'Homme* (1496), la définit comme la capacité donnée à l'Homme de « vouloir, conquérir et posséder [on me permettra de préférer à ce mot celui de "conserver"] sa place, son visage et ses dons ». Un adulte digne de ce nom est donc celle ou celui qui, parvenu au terme de sa croissance, accède à cette autonomie fondamentale.

La conséquence pour nos métiers est essentielle. D'abord parce que ce statut d'adulte est acquis une bonne fois pour toutes. Le seul terme d'une vie d'adulte, c'est la mort. Quels que soient les termes désignant les personnes âgées, ils font référence au passage du temps (aînés, grand âge, séniors...) ou à ses conséquences physiques (vieux, vieillard...), mais sans jamais remettre en cause l'autonomie propre à l'adulte. Il en résulte que notre premier combat est de lutter en permanence contre la tendance, non pas naturelle, mais culturellement acquise à infantiliser les personnes âgées.

Les manifestations de cette infantilisation sont permanentes, depuis l'idée de « placer » son parent en Ehpad comme on met un enfant « en pension », jusqu'au paternalisme (ou maternalisme) excessivement familier du soignant, en passant par des actes aussi anodins que le choix par les enfants des vêtements ou aussi fondamentaux que celui d'avoir recours ou pas à la vaccination.

Nous, professionnels, ne devons jamais considérer les personnes que nous soignons et accompagnons comme des enfants. Leurs proches ne disposent d'aucun droit pour inverser la relation d'autorité et les considérer comme leurs propres enfants. L'obligation alimentaire existe certes, mais elle ne donne, comme son nom l'indique, qu'une obligation et aucun droit en tant que tel. Enfin, s'il fallait encore chercher des preuves que nos résidents sont des adultes comme les autres, il suffit de regarder le très beau film réalisé au sein de la résidence Jacques Bonvoisin à Dieppe intitulé *Vos préjugés ne sont pas les nôtres*. Les désirs et les envies qu'y expriment ses résidents sont bien ceux d'adultes qui connaissent et goûtent la vie par tous ses aspects !

Ce refus fondamental de l'infantilisation doit éclairer toute notre pratique. C'est d'ailleurs dans cet esprit que nous avons décidé au sein de Partage & Vie de déployer la méthode Montessori adaptée aux adultes vieillissants en ce qu'elle se centre sur les besoins et les attentes de la personne.

Avoir recours à cette méthode, d'abord développée pour l'éducation des enfants, pourrait paraître contradictoire avec cette volonté de non-infantilisation. Mais, comme le soulignait récemment un interlocuteur, c'est justement la différence fondamentale entre les deux publics concernés. Dans le cas des enfants, ce sont des humains en croissance à qui on apprend l'autonomie, qu'on va emmener sur le chemin vers la vie d'adulte (donc des êtres humains *adulescens*, en train de grandir), alors que pour les personnes âgées, c'est une question de conservation de leur autonomie. Dans ce cas, le propos de la méthode Montessori n'est plus « aide-moi à devenir un adulte », mais devient « aide-moi à rester un adulte ».

Pour autant, s'ils étaient pleinement autonomes et en parfaite possession de tous leurs moyens, ces adultes pourraient mener leur vie sans assistance particulière. Arrêtons-nous un instant sur ce terme d'assistance. Il révèle les limites de la prétention à l'autonomie absolue de l'être humain, libre dans ses désirs et dans son imagination, mais limité par le principe de réalité qui le confronte aux contraintes matérielles de l'existence et aux limites de ses capacités propres. D'où la nécessité impérative pour l'être humain de s'inscrire dans une société où la capacité d'agir en groupe et de s'entraider, fût-ce sur une base marchande, est une condition de base de la survie (même Robinson Crusoé sur son île trouve une assistance essentielle à sa survie dans la présence de Vendredi...).

Tout être humain a donc besoin de l'assistance de ses congénères, facteur à la fois limitant (par sa dépendance aux autres) et facilitant (par le partage des compétences) de l'exercice de son autonomie. Ce qui compte le plus, finalement, dans la proposition formulée plus haut n'est donc pas tant le terme d'« assistance » – dont chacun d'entre nous a besoin – que celui de « particulière ». De quelle particularité s'agit-il ? En quoi les publics auxquels nous nous adressons ont-ils des besoins particuliers ?

Lorsqu'ils sont la résultante de limitations physiques, ces besoins sont la plupart du temps assez simples à satisfaire, qu'il s'agisse par exemple de se nourrir, de veiller à l'entretien de son habitat ou de se déplacer. La réponse devient plus complexe lorsqu'elle touche à l'intime (en particulier tout ce qui touche aux soins du corps) et plus encore lorsque, outre les capacités de faire, les capacités de penser et de vouloir sont atteintes par un trouble cognitif. Dans tous les cas, cependant, la conscience d'avoir affaire à un adulte doit orienter la façon dont on lui porte assistance, soit en respectant sa volonté, soit en s'efforçant de ne pas lui imposer notre conception de la vie, mais en l'aidant à exprimer, autant que possible et par tous les moyens, sa préférence et sa personnalité. C'est là que la multiplicité des savoirs techniques et des savoir-faire dont nous disposons devient cruciale.

UNE MULTIPLICITÉ DE SAVOIRS

Car le deuxième enseignement de ces années de pratique, c'est que s'agissant de l'accompagnement de personnes rendues plus vulnérables du fait de l'âge ou du handicap, les savoirs à mobiliser sont extrêmement nombreux.

Il faut, bien sûr et tout d'abord, une connaissance approfondie de tout ce que j'appellerai les *savoirs somatiques*, la connaissance des pathologies, de ce que représente le vieillissement. Ces savoirs sont essentiels, car ils sont à la base de notre travail. Si nous avons des personnes à accompagner, c'est avant tout parce qu'elles souffrent d'un certain nombre d'affections qui leur font perdre leur autonomie. Et pour pouvoir encore profiter de la vie, elles ont d'abord besoin que l'on soigne ces pathologies, au moins de façon palliative, d'où l'exigence de ce savoir somatique.

Et de ce point de vue, même si la gériatrie est une discipline qui s'est autonomisée en développant ses spécificités, il reste encore à progresser pour bien comprendre et mieux connaître les différentes pathologies auxquelles nous sommes confrontés afin d'accompagner au mieux les personnes. Ceci est particulièrement vrai pour les troubles neurocognitifs et tout ce qui touche à cet organe spécifiquement humain qu'est notre cerveau. C'est la tâche de nos équipes médicales et soignantes – médecins, infirmières ou infirmiers, aides-soignantes ou soignants, agents de soins. Chacun à son niveau doit disposer de la connaissance des spécificités des pathologies de l'âge ou du handicap.

Il y a ensuite tous les savoirs qu'on peut mettre sous le terme de psychologiques ou de psychiatriques et cette deuxième catégorie de savoirs est à mes yeux tout aussi importante. Car, de prime abord, le métier que nous exerçons est très matériel, très physique. Outre les soins que nous venons d'évoquer, il requiert tout d'abord de prendre soin des corps au jour le jour : faire sa toilette, se nourrir, s'habiller, c'est la face la plus visible des tâches accomplies au sein de nos établissements. Et les pratiquer avec pertinence requiert déjà un savoir-faire nourri de l'expérience et partagé entre tous les professionnels.

Cependant, on s'aperçoit très vite que dans notre métier, quand on a pris soin des corps, on n'a fait que le début du travail, et qu'après il reste tout l'accompagnement de vie, d'une vie qui soit désirable en ce qu'elle permet d'en jouir autant que possible, malgré les difficultés, et jusqu'au bout de la vie.

Car si, bien sûr, être au mieux dans son corps en est une condition première, le goût de la vie, la pulsion de vie ne peut s'entretenir que si on y intègre le fait que, dans les situations auxquelles nous faisons face, il faut savoir accompagner ce que je définirai pour ma part comme l'espèce de période de tempête psychologique que représente cette fin de vie ou ce handicap qui rend fortement dépendant. C'est une situation où il y a en quelque sorte un précipité des difficultés psychologiques auxquelles tout un chacun peut avoir affaire à un moment ou un autre de sa vie. À la moindre visite dans un établissement, vous ne pouvez pas faire quelques mètres sans que quelqu'un vienne vous parler de ses histoires de famille ou des événements, le plus souvent douloureux, qui ont marqué sa vie. Pour bien accompagner les personnes, on manquera donc quelque chose si on ne dispose pas des *savoirs relatifs à la psyché*.

Il en est de même pour les compétences psychiatriques. La prévalence de plus en plus affirmée des personnes souffrant de troubles neurologiques ou de maladies neurodégénératives parmi le public que nous accueillons nous confronte de plus en plus souvent à des problématiques auxquelles sont accoutumés les établissements psychiatriques, qu'il s'agisse de celles relatives à la liberté d'aller et venir ou celles, plus larges encore, relatives à la façon dont une vie quotidienne active peut être vécue malgré les affections dont souffrent nos résidents. Nous avons en particulier beaucoup de choses à apprendre des méthodes développées par la psychiatrie institutionnelle en matière d'approche de la relation de soin et de vie.

Et n'oublions pas les savoirs qui sont de l'ordre du *savoir-être*, qui s'apprennent également, au moins par le partage d'expérience, et dont la maîtrise est tout aussi nécessaire, qu'il s'agisse des capacités de communication, de la maîtrise du contexte, de l'utilisation à bon escient de l'humour et du second degré.

Arrêtons-nous un instant sur cette sensibilité aux mots employés et à leur impact. Lorsqu'au sortir de la crise du Covid nous avons voulu marquer par une animation spécifique qu'après une période de confinement et de précautions extrêmes, la vie reprenait son cours normal dans nos établissements, nous avons choisi de nommer cette opération « Le Printemps du grand âge ». Outre le fait que celle-ci s'est effectivement déroulée au printemps, il y avait dans cette dénomination la volonté de jouer sur les mots et d'associer au grand âge non pas, comme on le fait traditionnellement, l'hiver de la vie, mais le printemps, symbole de vitalité et de renouveau. Ce jeu sur les mots, il nous est revenu qu'il n'avait pas toujours été bien compris, paraissant vouloir cacher une réalité difficile à vivre, comme en témoignent, dans ce livre, les propos de Madame Lepoutre. Dont acte. Cela montre à quel point nous devons porter une grande attention à la communication pour qu'elle reste toujours empathique et attentive au ressenti des personnes que nous accompagnons.

Savoirs « somatiques », savoirs « de la psyché », savoir-être, leur multiplicité souligne à la fois la complexité et le caractère passionnant du métier que nous exerçons au sein de nos établissements. Et ce qui paraît tout aussi intéressant est le fait que l'ensemble de ces savoirs doit être acquis par toutes nos collaboratrices et tous nos collaborateurs, à des degrés divers naturellement, tant on ne peut imaginer qu'ils restent respectivement l'affaire de spécialistes.

On ne peut pas avoir dans nos établissements le spécialiste de la médecine, puis à côté le spécialiste de psychologie, puis à côté le spécialiste de l'alimentation, et ainsi de suite, qui interviennent de façon juxtaposée. La réalité, c'est qu'au quotidien, avec évidemment des responsabilités qui sont spécifiques selon le poste qu'on y occupe, la relation d'accompagnement et de soins est un tout qui rend nécessaire que chacun utilise d'une façon ou d'une autre ces différents savoirs.

C'est d'abord un défi pour la formation de nos collaboratrices et collaborateurs. Quel que soit leur niveau d'intervention, que devons-nous leur donner comme connaissances sur ces différents savoirs ? Chacune et chacun, à son poste, doit en maîtriser certains aspects pour bien comprendre comment s'insère sa tâche dans un soin quotidien qui ne forme qu'un du point de vue de nos résidents.

Pour y parvenir, nous avons à accomplir un vrai travail d'accessibilité du savoir, de vulgarisation au bon sens du terme, au sens de la Vulgate qui était la traduction de la Bible du latin (langue des spécialistes) en langue vernaculaire pour qu'elle soit accessible à tous.

Et pour aller plus loin, que ce savoir à partager entre professionnels, c'est aussi un savoir à partager avec les familles. Une grande part des difficultés qu'on rencontre aujourd'hui dans la relation avec les familles sont justement liées à des différences d'appréciation et de projection sur ce qu'est le métier de l'Ehpad, ce qu'est le vieillissement, ce que sont même les personnes âgées.

Parce qu'évidemment, les premiers destinataires du message : « Rappelez-vous que les personnes âgées sont des adultes jusqu'au bout de la vie », ce sont leurs enfants. Ils peuvent croire, avec la meilleure foi du monde, qu'ils sont responsables de leurs parents comme leurs parents étaient responsables d'eux quand ils étaient mineurs. Mais non, fondamentalement, c'est une erreur. C'est une erreur juridique, c'est une erreur psychologique, c'est une erreur de soin enfin. Tout ceci s'explique, tout ceci s'apprend et nécessiterait de plus amples développements. Retenons déjà que ce savoir partagé entre toutes les parties prenantes de la vie en établissement est une condition de base d'un fonctionnement harmonieux.

Ces savoirs, comment les acquérir ?

Par une formation initiale, bien sûr, autant que possible. Et dans ce domaine, il paraît éminemment souhaitable de développer les formations en alternance qui permettent de se frotter rapidement à la réalité pour confirmer une vocation et confronter les savoirs théoriques à la pratique du soin. Mais, quoi qu'il en soit, compte tenu de la diversité des savoirs, une formation continue tout au long de l'exercice professionnel sera indispensable.

Elle est d'autant plus indispensable aujourd'hui que, étant donné les difficultés de recrutement que nous rencontrons et l'ampleur de nos besoins, il est illusoire de croire que nous pourrons trouver sur le marché du travail suffisamment de salariés diplômés. La valorisation des acquis de l'expérience va donc devenir une voie de plus en plus indispensable et pertinente, à condition qu'elle s'accompagne du minimum de recul sur la pratique, que procure un enseignement structuré, et de l'acquisition de nouvelles connaissances. Et pour y parvenir, une coopération plus intégrée entre le monde des employeurs, celui de la formation et celui de l'enseignement sera le processus indispensable pour multiplier les voies d'accès aux diplômes, en supprimant les goulots d'étranglement que sont aujourd'hui les règles régissant l'organisation des jurys de VAE et autres dispositifs de reconnaissance des formations continues.

« L'INTELLIGENCE DU CŒUR », UN DON NÉCESSAIRE ?

Une dernière réflexion. L'expérience partagée par tous les directeurs d'établissement, c'est que, dans notre univers, seules et seuls restent durablement les collaboratrices et collaborateurs qui ont le « don du soin ». Sans ce don, il est bien difficile de faire ce métier, tant il demande d'investissement personnel. Pour autant, ce don à lui seul ne peut suffire. Comme le chante Georges Brassens « elle avait le don, ça j'en conviens, l'avait le génie, mais sans travail un don n'est rien qu'une sale manie », et si « Science sans conscience n'est que ruine de l'âme », nous sommes bien placés pour connaître les errements auxquels peut conduire, en matière d'accompagnement des personnes vulnérables, une conscience qui n'écoute que son cœur et néglige les connaissances et les bonnes pratiques sans lesquelles les pires erreurs peuvent être commises avec les meilleurs sentiments du monde.

Alors ce don, quel est-il ? Et comment le mettre en relation avec les savoirs que nous venons de passer en revue ? Pour en parler, je partirai d'une expérience vécue avec Yves Agid à l'occasion d'une rencontre organisée avec des collaboratrices dans le cadre de notre démarche éthique cette année. Ce public avait ceci de caractéristique qu'il était composé de femmes non diplômées, exerçant le métier d'agent de soin et recevant à ce titre la formation minimale de base instaurée au sein de Partage & Vie. L'échange organisé avec celles-ci n'a pas été simple, tant elles maîtrisaient peu les compétences de base de l'expression orale, sans même parler de l'expression écrite (ce qui soit dit en passant montre que les formations que nous devons dispenser auprès de nos collaboratrices et collaborateurs doivent inclure ces compétences de base...). Il nous a donc fallu du temps pour arriver à leur faire exprimer ce qu'elles avaient à nous dire à propos de leur expérience, de ce qu'elle leur avait appris, des savoirs qu'elles souhaiteraient mieux maîtriser pour progresser dans leur métier. Leur parole s'est progressivement libérée et elles avaient en fait beaucoup de choses à nous dire. Ce qui nous a alors frappés avec Yves Agid, c'est combien leurs propos étaient réfléchis et intelligents, fondés qu'ils étaient sur une grande sensibilité. Cherchant à résumer cette compétence, il m'est apparu que le bon terme était celui « d'intelligence du cœur ».

Qu'est-ce à dire ? Tout d'abord que pour bien faire ce métier, il faut savoir laisser parler son cœur, s'ouvrir à ses émotions et à son empathie. Mais que pour le faire de façon professionnelle, il faut savoir aussi prendre la distance nécessaire pour interpréter, filtrer ces émotions pour en faire le matériau d'une bonne relation d'aide et de soin. Cette distance, elle peut se prendre seul à condition de trouver dans la lecture ou toute autre méthode de travail les outils pour y parvenir. Elle peut certainement mieux encore s'acquérir dans le partage des pratiques et l'échange entre pairs.

Au terme de cette réflexion sur les savoirs nécessaires à l'exercice de notre métier, il me semble que nous retrouvons le propos de la démarche éthique entreprise depuis quatre ans au sein de Partage & Vie.

Se nourrir des savoirs divers et variés que viennent partager les experts que nous y associons, les confronter à la pratique de nos professionnels, en tirer les leçons pour faire mieux encore notre travail. Nos travaux de cette année nous montrent à quel point il est nécessaire de nous concentrer désormais sur la diffusion de notre méthode et des conclusions que nous tirons de nos débats, pour les partager avec le plus grand nombre dans une démarche de vulgarisation ambitieuse et rigoureuse.

Paroles entendues

« Ce que j'ai appris sur la vieillesse ? L'infinie dignité de la personne humaine ; que cela ne pèse rien, ou si peu, le fait de ne pas se souvenir de la date ou du nom de ses enfants... que l'on peut avoir perdu la moitié de ses dents et la quasi-totalité de ses repères et rester une personne généreuse... que l'humour, la gentillesse, ne se perdent pas, que les maladies type Alzheimer touchent l'intelligence mais qu'il y a des merveilles en chaque homme qui n'ont rien à voir avec elle. Et même qu'il arrive que la maladie permette de voir les gens "en vrai", débarrassés de toutes les conventions. »

Directrice d'un Ehpad
de la Fondation Partage & Vie

Une année de travail éthique
Échanges avec des résidents, des proches et des professionnels de Partage & Vie

Chaque année, des travaux préparatoires se déroulent pour élaborer le volume de la Bibliothèque Partage & Vie. Ils sont de natures diverses, mobilisent des professionnels, des personnes âgées, vivant à domicile ou accompagnées en établissement, leurs proches, des experts – médecins, psychanalystes, philosophes, écrivains, etc. Le croisement de leurs regards nourrit nos réflexions et permet d'engager dialogues et débats.

À cette fin, les professionnels de Partage & Vie sont à plusieurs reprises et largement sollicités.

D'abord, au moyen d'une enquête effectuée par voie électronique. Elle permet une première approche du thème, en l'occurrence « Savoirs, éthique et grand âge ». Ce questionnaire comprend à la fois des questions à choix multiples et d'autres qui laissent aux répondants l'occasion de partager leurs expériences et leurs réflexions.

Ensuite, grâce à des temps de travail collectifs, sous forme d'ateliers, réunissant une quinzaine de participants (professionnels mais également résidents, proches, partenaires locaux), ou sous la forme de ce que nous avons appelé des « regards croisés », des dialogues entre deux directeurs d'établissements médicosociaux qui complètent ou confrontent leurs analyses sur des questions ciblées en lien avec le fil directeur de l'année.

L'ensemble de ces travaux étant des plus prolifiques et passionnants, nous avons fait le choix d'en présenter en résumé les principaux constats et enseignements.

L'ARTICULATION ENTRE SAVOIRS, ÉTHIQUE ET GRAND ÂGE

L'objectif de l'enquête était d'apprécier l'utilité et la pertinence des savoirs délivrés lors des formations face aux enjeux de la réalité du terrain. Il visait aussi à remettre en question les rapports, parfois ambigus, voire conflictuels, qu'entretiennent les savoirs et l'éthique au quotidien dans les établissements, en particulier ceux qui accueillent des personnes très âgées ou vulnérables.

Cent collaborateurs, issus des différentes professions de Partage & Vie, ont répondu à cette enquête, dont le questionnaire figure à la fin de cette annexe. Un tiers d'entre eux sont des personnels soignants, deux tiers représentent les autres métiers exercés en établissement et les fonctions administratives.

La grande majorité des répondants sont des personnes disposant d'une certaine expérience dans le champ du grand âge et de la dépendance, puisque 80 % y travaillent depuis plus de 5 ans, et 65 % depuis plus de 10 ans.

Dans cet échantillon, 38 % des collaborateurs interrogés travaillent dans le secteur par choix tandis que 4 % des répondants ont indiqué explicitement ne pas avoir souhaité s'y retrouver. Il est intéressant de noter que les hasards de la vie et d'autres motivations ont conduit près de 60 % des répondants à exercer leur activité professionnelle dans le champ du grand âge.

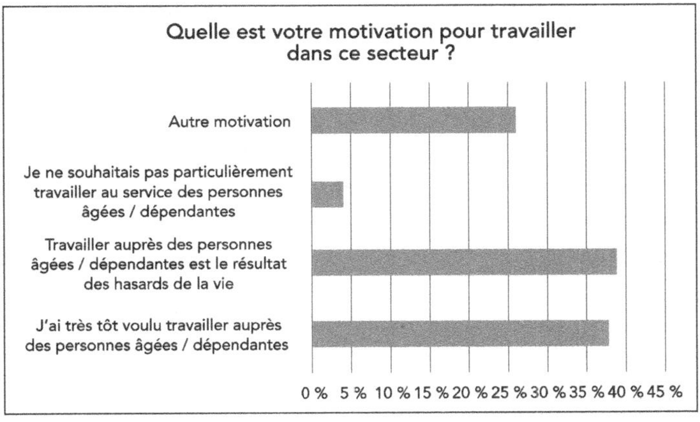

PERTINENCE DES SAVOIRS ET PLACE DE L'EXPÉRIENCE

Il ressort de l'enquête que, pour une grande majorité des professionnels, la formation dont ils ont pu bénéficier est largement adaptée et utile à leur pratique professionnelle : pour 30 % d'entre eux, elle est même « tout le temps utile ». Elle l'est « souvent » pour 42 %, « parfois » pour 15 %, « un peu » pour 8 % et « pas du tout » pour seulement 5 %.

Toutefois, pour la plupart des répondants, malgré cette première réponse, rien ne remplace l'expérience : celle-ci est indispensable pour progresser, être plus confiant et rassuré au quotidien dans la prise en soins des résidents et bénéficiaires.

Les professionnels soulignent également l'écart qu'il peut parfois y avoir entre la théorie et la pratique, mettant en exergue que les expériences de terrain demeurent trop peu nombreuses lors de la formation initiale. Les professionnels regrettent, enfin, que les connaissances spécifiques concernant les personnes âgées soient largement insuffisantes durant la formation initiale, pour ne pas dire, parfois, inexistantes.

Si l'ensemble des savoirs sont qualifiés d'utiles, les savoir-être et les qualités humaines sont les éléments les plus valorisés par les professionnels, qui considèrent que la prise en soin est impossible sans ces qualités. Empathie, écoute, patience, facultés de communication… sont citées spontanément. La connaissance des troubles psychiatriques et cognitifs, évoquée de nombreuses fois par les répondants, est également qualifiée de fondamentale pour l'accompagnement des personnes âgées.

Si, pour certains, les savoirs les plus utiles sont ceux acquis avec l'expérience, de manière personnelle ou collective, il résulte de l'enquête que très peu de savoirs sont qualifiés de peu utiles ou d'inutiles. Toutefois, quelques-uns, considérés comme trop théoriques, se heurtent à la réalité du terrain. Les savoirs trop techniques sont ainsi les moins valorisés par les répondants à l'enquête.

L'ÉVOLUTION DE LA REPRÉSENTATION DU GRAND ÂGE

Pour la grande majorité des répondants, travailler auprès des personnes âgées a changé leur regard sur le grand âge et la dépendance.

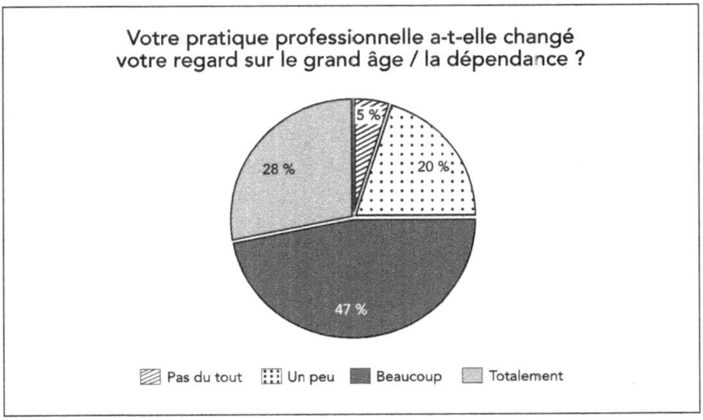

Ils indiquent que contrairement à l'idée qu'ils s'en faisaient, la vie vaut la peine d'être vécue en Ehpad, qu'il ne s'agit pas d'un « mouroir », comme cela a pu être entendu parfois, mais d'un véritable lieu de vie, riche d'interactions, d'activités et de relations.

L'image de résidents complètement apathiques, épuisés par la vie, la maladie, la tristesse et toutes sortes de maux est également battue en brèche par l'exercice en Ehpad où les professionnels constatent que les résidents ont encore des désirs, des besoins, des capacités d'apprentissage... malgré leurs incapacités physiques et/ou leurs troubles cognitifs. Les citations de l'enquête sont nombreuses et éclairantes. Sans nier les vulnérabilités, les professionnels rappellent toutes les potentialités des personnes qu'ils accompagnent :

> L'idée est qu'ils ne peuvent plus rien faire par eux-mêmes, qu'ils n'ont plus, ni d'envie, ni de besoin, qu'ils ne ressentent plus rien à cause de la maladie, qu'ils ne peuvent plus penser par eux-mêmes. C'est tout le contraire.
> « Franchement, être dans un fauteuil à baver toute la journée, c'est une vie qui ne vaut plus la peine d'être vécue » et autres clichés sur la grande dépendance. Je crois que ce métier m'a permis de bien mieux saisir ce qui fait que l'on est un homme : cela dépasse totalement les capacités. La densité de présence et d'humanité des personnes très fragiles me bouleverse, là où le côté « diminué » me répulsait, plus jeune.

Enfin, les professionnels indiquent avoir remis en cause une idée largement répandue qui consiste à croire que si les familles remplissaient leur « devoir » auprès des aînés, on n'aurait pas besoin d'Ehpad : « "Si les familles n'étaient pas devenues complètement égoïstes, il n'y aurait pas d'Ehpad"... Il n'est pas toujours possible de garder son parent à domicile et cela n'est pas dû à de l'égoïsme de l'entourage. »

FORMATION ET ÉTHIQUE

Les sources de tensions entre les savoirs acquis et l'éthique résultent souvent des conflits entre des grands principes et les réalités du quotidien, par exemple entre, d'un côté, les exigences de prise en soin et la sécurité et, de l'autre, la liberté de choix.

Un autre point de tension est également soulevé : entre les principes de prise en charge et de bientraitance, d'une part, et la réalité socio-économique du secteur, de l'autre : le manque de professionnels, de temps et de moyens ne permet pas toujours d'agir de la manière la plus éthique qui soit et de mettre en pratique la théorie.

Pour une majorité des répondants (54 %), leur formation les a aidés voire leur a appris à agir de manière plus éthique.

À cet égard, la formation à la méthode Montessori, en cours de déploiement dans tous les établissements de Partage & Vie, est jugée particulièrement utile. Cette méthode vise à valoriser les capacités restantes des personnes et à les aider à « faire seules » plutôt que se substituer mécaniquement à elles. Le respect des codes de déontologie est également évoqué comme l'un des fondements d'une prise en charge éthique par les professionnels.

Pour maîtriser ces compétences, l'expérience est souvent qualifiée de plus formatrice en matière d'éthique. Les répondants insistent ainsi sur l'importance du travail en équipe et de la prise de décision collégiale face à des situations complexes. La prise de conscience de la singularité des résidents et des situations est également fondamentale pour un accompagnement de qualité. Elle peut minorer l'intérêt de savoirs généraux, universels.

« La pluridisciplinarité est fondamentale, elle garantit une objectivité dans l'analyse des situations de soin par le croisement des regards des différents professionnels. »

Les répondants soulignent l'importance d'une remise en question régulière, garante d'une amélioration des pratiques et d'un accompagnement plus personnel, plus individualisé, plus éthique.

Le collectif est essentiel pour mener à bien ces questionnements. Ce constat s'inscrit, d'ailleurs, dans la continuité des travaux conduits, lors des années précédentes, qui ont systématiquement mis en exergue l'importance du partage de regards, du dialogue… indispensables lorsqu'il est question d'éthique.

C'est le sens des ateliers et entretiens « Regards croisés » organisés au cours de l'année 2023 auprès d'un large panel de parties prenantes. Ils ont permis d'approfondir les premiers constats que l'enquête avait fait apparaître, en invitant à l'entrecroisement des voix et expériences. Voici les principaux points qui y ont été discutés.

ATELIERS ET ENTRETIENS : QUELS SAVOIRS ? POUR QUI ? POUR QUOI ?

À partir d'un thème relativement large et parfois abstrait, professionnels en établissement ou attachés à des fonctions administratives au siège ont dialogué avec des proches, des experts et des résidents dans le cadre d'ateliers et d'entretiens. Ils ont confronté leurs visions, parfois théoriques, mais également leurs expériences pratiques, construites au gré de parcours nécessairement singuliers. Ces dialogues et interactions nous ont paru nécessaires car en matière d'éthique, il n'y a pas d'une part les questions, et de l'autre les réponses, mais l'essentiel se tient dans le dialogue.

La relation entre savoirs, éthique et grand âge peut se prêter à d'infinies relectures et questionnements : comment expérience et savoirs s'articulent-ils ? Éthique et savoirs entrent-ils régulièrement en conflit ? Peut-on enseigner l'éthique ? Ou est-ce nécessairement une pratique ? Dans le cas des représentations, voire de l'invisibilisation du grand âge dans nos sociétés, la diffusion du savoir, des connaissances liées à l'avancée en âge est-elle une pratique éthique ?

LES SAVOIR-ÊTRE : SOCLE D'UN ACCOMPAGNEMENT ÉTHIQUE DE QUALITÉ ET DE LA VIE EN EHPAD

Lors des ateliers en établissements, il est apparu nettement qu'en matière de savoirs, ce sont les savoir-être et les qualités humaines qui sont estimés indispensables à une prise en soin et à un accompagnement de qualité.

À Lyon, des professionnelles, qui bénéficiaient au moment où s'est tenu l'atelier de leur première formation qualifiante en matière d'accompagnement des personnes âgées, ont été interrogées sur les savoirs qu'elles estimaient prioritaires de détenir. Spontanément, elles ont parlé d'écoute, d'empathie, de bienveillance, de patience… Concernant les actes techniques (pour les toilettes, les transferts, etc.), elles expliquaient que l'apprentissage entre pairs s'impose au quotidien. Toutefois, elles estimaient primordial également de bénéficier de la formation théorique qu'elles étaient en train de suivre à l'Institut de formation, pour prendre confiance et se sentir légitimées dans leur fonction. Ces formations permettent de les rendre plus à l'aise avec les résidents, leurs collègues et les familles.

> Je fais partie d'une ancienne promotion de la formation IPSAV [formation destinée aux agents de soins non qualifiés]. Avant celle-ci, je n'avais pas le vocabulaire, je ne comprenais pas toujours les consignes ni les transmissions.

> Cela m'a permis d'être plus sûre de moi, de me sentir légitime dans ma fonction. Cela m'a donné confiance en moi et donc ça m'a permis de me rapprocher des résidents. Aujourd'hui, je gère mon unité comme n'importe quelle aide-soignante. La formation est globalement venue confirmer ce que je savais déjà mais on en revient beaucoup plus confiant.
>
> Une agent de soin en Ehpad

La formation permet également une prise de recul sur sa pratique :

> La formation m'a déjà appris à être plus vigilante, à être plus patiente, à essayer de mieux et plus chercher à comprendre les résidents. Cela m'a permis de prendre plus mon temps et de leur laisser le temps, de réfléchir à la qualité de la relation et de l'accompagnement. Depuis, je ne vois plus les choses de la même façon.
>
> Une agent de soin en Ehpad

À Jouarre, le personnel soignant qualifié a confirmé les résultats de l'enquête, à savoir que la formation délivrée est toujours utile et pertinente en matière de soin, mais que rien ne vaut l'expérience de la pratique. Dans l'ensemble, des connaissances sur le vieillissement du sujet et surtout sur les troubles cognitifs semblent essentielles aux professionnels, qui se disent parfois désemparés face à ces pathologies.

Enfin, être résident n'est pas chose innée. En effet, la vie en Ehpad représente un changement important de mode de vie pour les personnes accueillies, nécessitant parfois des apprentissages chez les résidents eux-mêmes. L'un des résidents à Jouarre nous a ainsi confié son changement d'attitude :

Pour être un bon résident, il faut avant tout être patient et savoir vivre en société. Les personnes âgées ont vécu dans leur univers pendant très longtemps et pensent que le monde est à leur image. Après quelque temps en Ehpad, je me suis aperçu que j'utilisais un ton très autoritaire pour m'adresser aux autres. Depuis mon arrivée, je me suis assagi. Avant j'étais persuadé de parler sur le bon ton, alors qu'il était déplacé. La communication joue un rôle essentiel. Je suis un ancien militaire ; pour moi, il était acquis de s'adresser aux autres sur ce ton étant donné le contexte.

UNE VIEILLESSE INVISIBLE, QUI ALIMENTE LES PEURS ET LES FANTASMES

Professionnels, résidents et proches sont unanimes sur la question : la vieillesse est aujourd'hui largement exclue de l'espace public et de nos représentations collectives.

Il semblerait que le grand âge et la dépendance soient en dehors du monde, et beaucoup les ont découverts en côtoyant les établissements d'hébergement pour personnes âgées dépendantes (Ehpad). Ainsi, lors d'un atelier, une aide-soignante a fait part de ses découvertes :

De la vieillesse, je ne connaissais que mes grands-parents ; la parole est plus libérée avec les résidents. J'ai découvert

> la richesse de leurs vies, leurs déboires. Cela m'a rassurée, le chemin fut plein d'embuches pour eux, mais ils sont toujours là et pleins de vie. Il est impossible de parler des personnes âgées dans leur ensemble, il y a tellement de différences, du fait de la vie, de la maladie.

Si le grand âge et la dépendance sont méconnus du plus grand nombre, il en va de même, en toute logique, des Ehpad qui les accueillent et par là même les masquent au grand public. L'invisibilisation de la vieillesse porte, comme sa conséquence naturelle, l'idée que les Ehpad doivent être des lieux où la vie ne fait que s'estomper. Toutes les personnes écoutées lors des ateliers et entretiens se sont, avec force, opposées à cette idée, ponctuant d'anecdotes et d'expériences de vie leur affirmation résolue que les Ehpad restent, sans discussion possible, de véritables lieux de vie.

OUI, L'EHPAD EST UN VÉRITABLE LIEU DE VIE

Au-delà de l'image du grand-âge, c'est bien celle des lieux qui l'accueillent qui évolue lorsqu'on y entre. En effet, pour les proches, les résidents et même les professionnels, fréquenter les établissements pour personnes âgées a radicalement changé l'image qu'ils s'en faisaient. Certains professionnels ont découvert les Ehpad le jour où ils sont venus passer un entretien de recrutement.

Largement méconnus et régulièrement présentés dans les médias et l'opinion collective comme des endroits sans vie, ou pire, des lieux de maltraitance, les établissements d'hébergement pour personnes âgées dépendantes ont une image largement négative pour le grand public. Nombreux sont ceux, parmi les participants aux travaux, qui ont souligné combien la médiatisation catastrophique du secteur leur semblait douloureuse, pour ne pas dire injuste ou inacceptable. Plus on est loin du grand âge et de l'Ehpad, plus on en a une image dégradée, hostile ; plus on s'en approche, plus le regard change : il devient reconnaissant de l'accompagnement effectué par les professionnels, étonné des moments de vie pleine qui s'y déroulent ; en somme, ce regard se banalise pour retrouver les repères qu'il connaît et qu'il trouve dans la vie « normale », c'est-à-dire hors de ce que certains appellent encore « l'institution ».

Ainsi, lors des ateliers, parmi les proches des personnes accueillies, beaucoup envisageaient *a priori* l'Ehpad ou la résidence autonomie comme « un mouroir », où personne ne souhaitait « placer » son parent ou son conjoint :

> Il y a des années, je suis rentrée dans un Ehpad et j'ai ressenti un manque de vie total. J'ai également assisté à la fin de vie de mon beau-père en soins palliatifs et j'ai trouvé que mourir à l'hôpital n'était pas évident. Quand je suis venue pour la première fois au Val des Roses, il y avait de la vie, de la musique… Je me suis dit que c'était chouette d'avoir des lieux où l'on pouvait maintenir cette vie.
>
> Une proche d'un résident à la résidence Le Val des Roses, à Dunkerque.

Si quelques-uns indiquent que cette vision a parfois pu être confirmée lors de la visite de certains établissements, la plupart soulignent que côtoyer les établissements médicosociaux a radicalement changé l'idée qu'ils s'en faisaient, voyant qu'il s'agissait de lieux de vie et de projets :

> Entrer en Ehpad ne veut pas dire qu'il va nous arriver quelque chose de dramatique, qu'on va entrer dans un monde chaotique. Au contraire, il peut se passer des choses, de belles choses, des bons moments de partage, plus que dans beaucoup de lieux.
>
> Une directrice d'Ehpad de Partage & Vie

Pour une grande majorité des personnes consultées, le fait que l'Ehpad soit un véritable lieu de vie surprend ; cela va à l'encontre de l'idée que l'on s'en fait, notamment celle véhiculée par les médias. L'ouverture de l'Ehpad apparaît alors comme nécessaire pour lutter contre les idées reçues. Si l'Ehpad est un lieu de vie, ce doit être un lieu de passage, ouvert sur le monde, et non replié sur lui-même, surprotecteur. L'ouverture de l'Ehpad sur la cité devient la clé de voûte des initiatives pour changer le regard sur le grand âge, la dépendance et les établissements la prenant en charge.

LA VIE, MÊME LORSQUE L'ON EST DÉPENDANT, VAUT LA PEINE D'ÊTRE VÉCUE

Au-delà des Ehpad, ce sont les projections faites sur la vie en état de dépendance qui sont remises en cause, notamment par les professionnels et les proches.

La « fatalité de la dépendance », résultant de la diminution des capacités restantes, est vivement réfutée par la pratique et le fait de côtoyer des personnes en situation de perte d'autonomie. De nombreux professionnels, aide-soignante, directeur d'établissement ainsi que des proches, voire des résidents eux-mêmes, nous ont raconté leur changement radical de perspective sur la question.

Dans le cadre de l'un des « Regards croisés », une directrice a partagé le témoignage d'un bénévole issu du secteur de la restauration, qui était intervenu dans son établissement pendant le Covid. À la fin de sa mission, il a fait part de sa surprise : « Jamais je n'aurais imaginé que la vie en Ehpad puisse être aussi positive ; comme beaucoup, je voyais l'Ehpad comme quelque chose de très triste, très sombre. »

Ces constats viennent confirmer les résultats de l'enquête adressée aux professionnels, où cet aspect ressort comme la principale idée reçue, contredite par la pratique. Ils justifient d'ailleurs l'existence même des Ehpad et du travail qui y est fait, car si l'on ne peut soigner la perte d'autonomie (au sens du *cure*) on peut en revanche l'accompagner (au sens du *care*) :

> On ne peut traiter certaines choses, mais on peut effectivement amener des aides, techniques ou autres ; l'accompagnement, il ne se fait finalement peut-être pas à ce niveau-là, mais plutôt dans le fait d'observer tout ce que la personne peut encore faire et comment nous, on peut l'accompagner pour cela.
>
> Une directrice d'Ehpad
> de Partage & Vie

Derrière la méconnaissance de la dépendance, des Ehpad, les ateliers et entretiens ont également mis en lumière un autre manque à combler : l'impossible compréhension par le grand public des politiques publiques et mécanismes d'ensemble d'accompagnement du grand âge.

L'OPACITÉ D'UN SYSTÈME

La question de la transmission et des représentations a fait ressortir la méconnaissance du fonctionnement institutionnel et financier des établissements. Dans le cadre des « Regards croisés », les directeurs sollicités ont souligné non seulement la méconnaissance de la vie en établissement mais également de l'ensemble du système administratif et financier qui la sous-tend. L'opacité et la complexité des mécanismes de financements, auxquels s'ajoutent des scandales tels que l'« affaire Orpéa », alimentent fortement la suspicion à l'égard des gestionnaires. Cela complique fortement les relations avec les familles et impacte le fonctionnement quotidien des établissements :

> Entre les différentes lois et les scandales qui touchent le médicosocial, les familles n'arrivent plus à voir ce qui se passe réellement dans notre établissement et à nous entendre. On perd une relation de confiance. Il y a un glissement des tâches, aujourd'hui on intègre par exemple les familles à la commission des menus. Il faut réapprendre à travailler avec la peur des familles.
>
> Un directeur d'Ehpad de Partage & Vie

Par ailleurs, cette méconnaissance contribue à alimenter des idées préconçues – souvent négatives – sur la nature de la prise en charge des personnes en état de dépendance dans les Ehpad laissant penser qu'une prise en charge à domicile équivalente, voire meilleure, pourrait être possible à moindres frais.

Les informations sur le financement de la prise en charge de la perte d'autonomie sont bien sûr publiques, et de nombreux rapports ou notes sont publiés régulièrement sur ces sujets, mais leur technicité en fait des documents peu accessibles pour le grand public. Une forme de transmission sur le plan du fonctionnement du système de prise en charge de la perte d'autonomie serait ainsi bénéfique. Elle contribuerait à lutter contre la défiance généralisée envers les gestionnaires, défiance regrettable pour les résidents, les professionnels ainsi que les proches.

LES FAMILLES ET L'ENJEU ÉTHIQUE DE LA TRANSMISSION

La présence des proches est souvent essentielle, précieuse au bon accompagnement de la personne accueillie en Ehpad. Cependant, la relation avec les familles est par nature complexe car empreinte de culpabilité. En effet, l'entrée en Ehpad est souvent vécue comme un échec par les proches, qui n'ont pas réussi à faire autrement. Elle se fait souvent dans l'urgence. Mal préparée, elle est vécue difficilement pas les futurs résidents et leurs familles.

Dans cette nouvelle configuration qu'est la vie en Ehpad, les proches ont du mal à trouver leur place, et notamment à déléguer le soin et l'accompagnement au personnel soignant. La culpabilité peut se matérialiser parfois par une forme d'ingérence dans la vie de l'établissement et/ou dans la prise en soin, générant des injonctions contradictoires et pouvant mener à des situations de conflits, voire de mises en danger des résidents.

Tous les participants aux travaux conduits conviennent qu'il y a un réel besoin d'accompagnement à remplir auprès des familles afin de leur transmettre des connaissances sur la dépendance, le vieillissement et ce que cela implique :

> Ce sont les familles qu'il faut cibler en priorité sur la question de la transmission des savoirs. Il s'agit d'une question sociétale. Beaucoup d'éléments se mélangent : des projections, de l'appréhension. Souvent on arrive en Ehpad dans

> l'urgence après une hospitalisation. Les familles ont très peu d'informations sur la dépendance, la vie en établissement.
>
> Pr Claude Jeandel, conseiller médical de la Fondation Partage & Vie

Par ailleurs, s'installe régulièrement, avec l'entrée en Ehpad, un nouveau mode relationnel où les enfants se sentent responsables de leurs parents, pourtant adultes, et disposant souvent d'une capacité indiscutable de détermination :

> Le problème c'est que les parents deviennent des enfants aux yeux de leurs enfants, les rôles s'inversent. Mais les parents restent des adultes et leurs enfants n'ont aucun droit sur eux.
>
> Aide-soignante à la Houssaie, Ehpad de Partage & Vie

Or, la perte d'autonomie ne justifie pas une telle ingérence (sauf lorsque des mesures de protection sont mises en place). Il est donc souvent nécessaire de rappeler aux proches que leurs parents, même dépendants, conservent leur liberté de choix et que les enfants, sauf mesures spécifiques, n'ont pas de statut particulier leur donnant autorité sur leurs parents, y compris en établissement.

Ces quelques pages en témoignent : l'articulation entre savoirs, éthique et grand âge résonne sur de multiples registres. Les travaux conduits tout au long de l'année ont permis de saisir certains de ces échos, d'en approfondir plusieurs, de se promettre aussi d'en scruter d'autres plus tard. Ces ateliers, entretiens, enquêtes ont animé, pendant un an, les équipes opérationnelles, pourtant prises dans l'exigence et l'urgence de leur quotidien. Elles leur ont fait lever la tête le temps de ces échanges, prendre de la distance, apprécier ce qu'elles font et identifier ce qu'elles pourraient faire autrement, mieux, moins mal. Avec leur aide, et grâce à leur enthousiasme, ces travaux seront poursuivis.

Document

Questionnaire de l'enquête à destination des professionnels de Partage & Vie pour la quatrième édition des travaux éthiques : « Savoirs, éthique et dépendance ».
En 2023, nos travaux éthiques auront pour thème : *Savoirs, éthique et dépendance*. Il s'agira d'interroger ce que nous savons du vieillissement, de l'accompagnement des personnes âgées, des bonnes pratiques, de mettre en question ce que nous croyons savoir, de partager ce que la pratique quotidienne permet de découvrir.
Comme chaque année, nous vous sollicitons avec ce questionnaire qui permettra d'affiner le thème, ses enjeux et les problématiques qu'il soulève.
Nous vous remercions vivement de votre participation.

I. Pour vous situer

1. Intervenez-vous auprès de :
    - Personnes âgées ?
    - Personnes en situation de handicap ?
    - Les deux ?
2. Êtes-vous un soignant ? [oui/non]
    - Si vous le souhaitez, vous pouvez préciser votre métier
3. Depuis combien d'années travaillez-vous dans le champ du grand âge/de la dépendance ? [Moins de 2 ans/Entre 2 et 5 ans/Entre 5 et 10 ans/Plus de 10 ans]
4. Quelle est votre motivation pour travailler dans ce secteur ?
    - J'ai très tôt voulu travailler auprès des personnes âgées/dépendantes
    - Travailler au service des personnes âgées/dépendantes est le résultat des hasards de la vie

- Je ne souhaitais pas particulièrement travailler au service de personnes âgées/dépendantes
- Autre motivation

II. Pour préciser votre expérience

5. Votre pratique professionnelle a-t-elle changé votre regard sur le grand âge/la dépendance ? [Pas du tout/Un peu/Beaucoup/Totalement]
6. Les connaissances acquises au cours de votre formation vous servent-elles pour accompagner les personnes très âgées/dépendantes ? [Pas du tout/Un peu/Parfois/Souvent/Tout le temps]
7. Est-il arrivé que des connaissances acquises au cours de votre formation…
   - vous entravent ? [Jamais/Rarement/Souvent/Toujours]
   - vous induisent en erreur ? [Jamais/Rarement/Souvent/Toujours]
   - Si vous le souhaitez, vous pouvez détailler votre réponse
8. Quels savoirs vous sont les plus utiles pour accompagner les personnes âgées/dépendantes ? (Vous pouvez choisir des domaines très différents : médical, psychologique, sociologique, juridique, philosophique, éthique…)
9. Quels savoirs ne vous servent pas ou peu ?
10. Quelles idées répandues sur le grand âge/la dépendance ont été, pour vous, remises en cause par votre expérience professionnelle ?
11. Dans votre pratique professionnelle, avez-vous vécu des tensions entre ce que vous avez appris initialement et l'éthique ? Pouvez-vous préciser ?
12. Est-ce que votre formation vous a aidé/appris à agir de manière plus éthique ? [oui/partiellement/non/ne sais pas/vous pouvez si vous le souhaitez préciser votre réponse]
13. Qu'avez-vous appris de neuf par la pratique sur le grand âge/la dépendance, que vous-aimeriez partager avec vos collègues, ou avec les résidents, les familles, le grand public ? (« Si j'avais su ça plus tôt, cela aurait été utile !… ») Décrivez vos découvertes ! Et dites comment vous l'avez appris (par vous-même, avec vos collègues, auprès des familles, des résidents…)

Les contributeurs à la réflexion éthique de Partage & Vie en 2023

Cet ouvrage s'appuie sur l'ensemble des travaux et réflexions conduits entre septembre 2022 et août 2023.

Ces travaux ont été conduits par Roger-Pol Droit, philosophe, écrivain, conseiller de Partage & Vie pour la réflexion éthique.

Y ont notamment participé :

- *Une centaine de professionnels* intervenant dans les établissements et au siège de Partage & Vie, qui ont répondu à une enquête électronique menée début 2023, dont les résultats sont restitués dans les annexes et les verbatims sont disséminés au fil des pages du présent ouvrage.
- Des ateliers de travail en région ont été organisés, auxquels ont participé les personnes suivantes
    - o *Atelier organisé à Jouarre*, à la résidence La Houssaie :
        - ▪ Professionnels de l'établissement ou du territoire :
            - Mme Karima MESSAI (aide-soignante)
            - Mme Alexandra FLEURY (aide-soignante)

            - Mme Evelyne DELACROIX (infirmière diplômée d'État)
            - M. Éric GOURDON (agent cadre de vie)
            - M. Thierry VIGNAL (médecin coordonnateur)
            - Mme Victoria JAMET (psychologue de Coulommiers)
            - Mme Sabrina CORDIER (assistante de direction)
            - Mme Sandrine FLEURY (responsable cadre de vie)
            - Mme Sandrine QUINTERNE (agent d'accueil)
            - Mme Virginie FRACZKIEWICZ (infirmière de coordination)
            - M. Sébastien FRANÇOIS (directeur d'établissement)
        - Résidents :
            - M. Jean LEFEVRE
            - M. Jean DELOISY
            - M. Édouard SANTOS
            - Mme Denise MILLARD
    - *Atelier organisé à Dunkerque*, à la résidence le Val des Roses :
        - Professionnels de l'établissement ou du territoire :
            - Mme Marine LAPIERRE (psychologue – ADAR)
            - Mme Peggy BATAILLIE (AVS libérale)

        - M. Frédéric VERHARNE (directeur du CCAS Dunkerque)
        - Mme Marie LUTSEN (aide-soignante)
        - Mme Sarah DELBECQUE (infirmière diplômée d'État)
        - Mme Anne MOSZYK (directrice du Val des Roses)
        - Mme Raja MECHOUDI (animatrice au Val des Roses)
    - Résidents, proches de résidents :
        - M. DURIEZ, résident au Val des Roses
        - Mme LEPOUTRE, résidente au Val des Roses
        - Mme KIECKEN, résidente au Val des Roses
        - M. Philippe DELECOURT, frère d'une résidente
        - M. JANSSEN, époux d'une résidente à la Roseraie
        - M. Dany VANDROMME, fils d'une résidente aux Églantines
        - Mme Viviane GEHIN, infirmière diplômée d'État retraitée, fille d'une ancienne résidente
        - M. et Mme TANGHE, voisins de la résidence

o *Atelier organisé à l'Institut de formation de Partage & Vie à Lyon*, réunissant l'ensemble d'une promotion de la formation IPSAV (« Intervenir avec pertinence et sécurité dans l'accompagnement d'adultes vulnérables ») dispensée à des agents de soin intervenant dans les établissements de Partage & Vie

- *Des directeurs et directrices d'établissement* qui ont échangé leurs points de vue dans le cadre de quatre « Regards croisés » portant sur les thèmes suivants :

    - o Thème 1 : *Formations et savoirs, l'enseignement de l'éthique* avec Eddy Bouhier (directeur d'une MAS à Guéret) et Médéric de la Reberdière (directeur de deux Ehpad en Guadeloupe)
        - L'éthique peut-elle être un savoir ou est-ce une pratique ? Peut-on enseigner l'éthique ou découle-t-elle forcément de l'expérience ? Éthique et savoirs entrent-ils régulièrement en conflit ?
        - Expérience et savoirs s'opposent-ils ? Le savoir est-il universel alors que l'expérience est singulière ?
        - Agir éthiquement dans la prise en charge du grand âge, est ce forcement s'adapter au cas particulier ?
        - Dans le cas des représentations, voire de l'invisibilisation du grand âge dans nos sociétés, la diffusion du savoir, des connaissances liées à l'avancée en âge est-elle une pratique éthique ? Avoir des connaissances sur le grand âge permet-il d'agir de manière plus éthique ?
        - Plus globalement, dans quelle mesure la/ les formation/s dont vous avez bénéficié

vous ont apporté les savoirs dont vous avez ou pensez avoir besoin pour prendre bien – éthiquement – en soin les personnes dépendantes ?

- Thème 2 : *Représentation du grand âge et de la dépendance* avec Gaëlle Goumri (directrice de deux Ehpad dans la Vienne) et Cécile Delpech (directrice d'Ehpad dans le Val de Marne)
  - Les savoirs acquis par les professionnels lors de leur/s formation/s ont-ils changé leur représentation du grand âge, la façon dont ils envisagent leur propre vieillissement, celui de leurs proches ? Sur quels aspects ?
  - Leur pratique professionnelle, leurs expériences ont-elles changé leur regard sur le grand âge et la dépendance ? Si oui, en quoi ? La façon dont ils envisagent leur propre vieillissement ? Celui de leurs proches ?
  - L'absence de savoirs et de connaissances sur le grand âge alimente-t-elle les peurs, les représentations négatives et les idées reçues sur le grand âge et la dépendance ? Chez les résidents, les professionnels, les familles, etc. ?
  - Que faudrait-il transmettre à la société plus globalement comme savoirs, comme connaissances, pour qu'elle favorise une représentation et par conséquent une meilleure acceptation et inclusion de la dépendance ?

- La diffusion des savoirs, la visibilité sont-elles des leviers pour combattre l'âgisme et les idées reçues sur la dépendance ?

o Thème 3 : *La transmission des savoirs et des connaissances* avec Marie-Christine Bastide (directrice de résidences autonomie dans l'Hérault) et Philippe Mussard (directeur d'un Ehpad à Saint-Georges-sur-Baulche)

- Comment les professionnels permettent-ils aux personnes âgées de continuer à apprendre ? Qu'apprend-on et comment apprend-on lorsqu'on avance en âge ?
- En retour, les professionnels, qu'apprennent-ils auprès des personnes vulnérables : pour un meilleur accompagnement (plus éthique) mais aussi sur leur propre appréhension du vieillissement, etc. ?
- Que faudrait-il transmettre à la société plus globalement comme savoirs, comme connaissances, pour qu'elle favorise une meilleure acceptation et par conséquent une meilleure prise en soins de la dépendance ?

o Thème 4 : *Place des proches, transmission, accompagnement* avec Jean-François Girard (directeur d'Ehpad dans le Gers) et Nicolas Goyé (directeur d'Ehpad en Loire Atlantique)

- Comment les professionnels en établissement peuvent-ils aider les familles, les proches, etc., à mieux comprendre voire accepter le vieillissement, et la dépendance de leur parent ? Quels savoirs leur transmettent-ils (des savoirs peut-être théoriques sur telle maladie, sur la transformation des personnes, de leur corps, etc., mais aussi les savoirs de l'expérience, de la pratique...)

- Comment cette transmission des savoirs peut-elle aider les proches à trouver leur juste place aux côtés de leur parent dépendant : une place d'aidant, si possible d'aimant, mais pas la place d'un professionnel ? Qu'est-ce qui fait que parfois/souvent cette transmission ne s'opère pas ? Quels en sont les obstacles ?
- Quelle place donner aux familles dans l'accompagnement ?
- Comment accompagner les familles pour qu'elles trouvent leur juste place (et l'acceptent) dans le fonctionnement de l'établissement ?

- Des membres du siège de Partage & Vie ont participé à l'organisation de ces travaux :

    - Mme Delphine LANGLET (directrice générale)
    - M. Dominique MONNERON (délégué aux relations institutionnelles)
    - Pr. Claude JEANDEL (conseiller médical auprès du président du Conseil d'administration)

- Mme Catherine SCHWARTZ (directrice de la communication et du mécénat)
- Mme Anna PERRAUDIN (chargée de projet stratégie et organisation)
- Mme Marie-Cécile ENOCH (chargée de projet communication)
- Mme Mary DETOUILLON (responsable communication)
- Mme Andreia MARINHO PEREIRA (chargée de communication digitale)
- M. Yoni RIVIERE (apprenti communication)
- Mme Sonia ARAUJO (cheffe de projet collecte de dons et partenariats)
- Mme Christine GARAND (assistante de la direction générale et de la Présidence)
- M. Bruno DOERLER (directeur des opérations de Partage & Vie)
- M. Éric D'ALANÇON (directeur territorial Île-de-France)
- Mme Sylvia LAGANA (directrice territoriale des Hauts-de-France)
- Mme Françoise GAUCHARD-ROBIN (directrice territoriale Nord-Ouest)
- M. Yves JEANGEORGES (directeur territorial Est)
- M. Lionel LOREAUX (directeur territorial Sud-Est)
- M. Gaël DE FRESLON (directeur territorial Nouvelle Aquitaine)

Les auteurs

Yves Agid

Professeur émérite de neurologie et de biologie cellulaire à l'université Paris-Sorbonne, membre de l'Académie des sciences, Yves Agid est un spécialiste de la recherche clinique et biologique sur les maladies neurodégénératives. Membre fondateur de l'Institut du cerveau et de la moelle épinière (ICM), son activité scientifique est plus particulièrement consacrée aux mécanismes et aux conséquences des maladies neurodégénératives, dont les maladies de Parkinson et d'Alzheimer. Il a publié de très nombreux articles scientifiques et plusieurs livres, dont les plus récents sont *Je marche donc je pense* (avec Roger-Pol Droit, Albin Michel, 2022) et *Le Cerveau, machine à inventer* (Albin Michel, 2023).

Joëlle Aufresne

Après un parcours professionnel où elle fut secrétaire ou vendeuse, Joëlle Aufresne a été durant dix ans chauffeur de taxi à son compte, avant d'intégrer la Fondation Partage & Vie en 2017 en tant qu'agent de soins. Grâce aux formations qu'elle a reçues (AFGSU,

Manutentions des résidents, Accompagnement de fin de vie, Simuler le vieillissement pour un accompagnement bienveillant de la personne âgée, Outils et enjeux du travail en équipe, Formation agent de soins, devenir acteur Prap intégré à la formation agent de soins) et à son expérience professionnelle, elle a rédigé son livret pour présenter une VAE d'aide-soignante validée avec succès en mars 2022.

Geneviève Delaisi de Parseval

Après des études de psychologie (doctorat), et de sociologie, ethnologie, linguistique, archéologie préhistorique, droit et économie politique (Paris-Sorbonne, musée de l'Homme, Faculté de droit Paris I) et d'anthropologie culturelle et sociale (USA, Berkeley, boursière Fulbright), Geneviève Delaisi de Parseval est devenue psychanalyste.

Elle s'est particulièrement intéressée à la bioéthique (mission de l'INSERM à Melbourne), en Belgique, au Canada, aux États-Unis (Hastings Center), et a publié de nombreux livres et articles dans des revues à comité de lecture sur ces thèmes (voir son site web : http://genevieve.delaisi.free.fr) et un ouvrage plus personnel, *Roman familial*, Prix Abraham/Torok, (Odile Jacob, 2012). Plus récemment, elle s'est lancée dans la compréhension du chantier de la vieillesse (*L'Art d'accommoder la vieillesse*, Odile Jacob, 2022).

Éric Fiat

Professeur à l'université Gustave-Eiffel, où il enseigne la philosophie et l'éthique médicale appliquée. Né à Château-Thierry, il enseigne après l'agrégation de philosophie (1991) quelques années en lycée. Après un doctorat (2002) il devient maître de conférences à l'université Paris-Est. Après une HDR (2011), il est nommé professeur des universités.

Responsable du master d'éthique médicale et hospitalière appliquée à l'UGE, il est également membre de la commission d'éthique de la SFH (Société française d'hématologie) et de celle de l'INCA (Institut national du cancer).

Il est par ailleurs violoncelliste dans l'Ensemble instrumental de Château-Thierry.

Travaillant dans le champ de l'anthropologie philosophique, il consacre ses recherches à la fragilité humaine dans ses dimensions corporelles.

Parmi ses publications : *Ode à la fatigue* (L'Observatoire, 2022) ; *Le Devenir de l'intériorité à l'ère des nouvelles technologies,* (Le Bord de l'eau, 2018) ; *La Pudeur*, avec Adèle van Reeth (Plon, 2016) ; *Petit traité de dignité* (Larousse, 2012).

Claude Jeandel

Professeur de médecine interne et de gériatrie, coordonnateur du département de gériatrie au CHU de Montpellier, il préside le Conseil national professionnel des gériatres français. Habilité à diriger des recherches, il est auteur de plus de 250 publications scientifiques internationales. Directeur de l'École de gérontologie et de deux masters de gérontologie (université de Montpellier), il est auteur des deux livres blancs de la gériatrie française. Diplômé de l'Executive master « Gestion et politiques de santé », il est chargé d'enseignement à Sciences Po Paris. Administrateur de la Fondation Partage & Vie, puis membre du directoire, il assure depuis 2020 les fonctions de conseiller médical. Auteur de plusieurs rapports ministériels dont *13 mesures pour améliorer la prise en soin des résidents en Ehpad* (2009), *Parcours de santé des personnes âgées en risque de perte d'autonomie (PAERPA)* (2012), *Ehpad et USLD : 25 recommandations pour une prise en soins adaptée des patients et résidents afin que nos établissements demeurent des lieux de vie* (2021), il est distingué de la Légion d'honneur et officier dans l'Ordre national du mérite.

Dana Jourde

Directrice de l'Institut de formation de Partage & Vie. Diplômée en master II en économie de la santé « Santé, protection sociale et vieillissement », elle a commencé son parcours en tant que conseillère en gérontologie et a contribué à la création d'un des premiers habitats intergénérationnels en France. Ensuite, elle a dirigé plusieurs établissements d'hébergement pour personnes âgées, aussi bien dans la fonction publique que dans le secteur privé à but non lucratif. Investie dans le réseau gérontologique, elle intervient lors des colloques sur les questions de fin de vie et de la place des familles en Ehpad. Après quinze ans de direction où elle s'est attachée à instaurer des liens de confiance et des relations humaines de qualité, elle se dirige naturellement vers les activités de formation et de conseil en relations humaines et se spécialise en coaching au sein de l'École de management de Grenoble. Dans cette nouvelle mission, elle accompagne désormais les cadres et les équipes de

Partage & Vie dans le développement continu de leurs compétences et dans l'optimisation de leur mieux-être au service des plus fragiles.

Liliane Lepoutre

Née Lambert, a vu le jour le 25 mars 1933, à Sedan. Sa génération est très marquée par la Seconde Guerre mondiale, mais elle passe une enfance plutôt heureuse, dans le Nord, aux côtés de ses deux sœurs. Liliane Lepoutre étudie et décroche son diplôme d'infirmière à l'université catholique de Lille en 1952. Elle obtiendra son premier emploi d'infirmière à l'ouverture de la Cité hospitalière de Lille en 1953, puis elle se marie et a trois enfants. En 1960, la famille s'installe à Dunkerque. Liliane Lepoutre est très impliquée dans la vie associative de Flandre-Littoral, elle est successivement bénévole pour la VMEH et engagée auprès de France Alzheimer, entre autres... Depuis 2018, date de son arrivée au Val des Roses, elle coule une vieillesse paisible, et néanmoins active, élue pour un second mandat, au Conseil de la vie sociale de l'établissement depuis janvier 2023.

Dominique Monneron

Ancien élève de l'ENA, Dominique Monneron a mené sa carrière dans le champ de l'économie sociale et solidaire, d'abord à la Caisse des dépôts et consignations (CDC), en y exerçant diverses responsabilités dans le secteur du développement local, puis au sein du Groupe des caisses d'épargne où il a en particulier été responsable des affaires institutionnelles et de la gouvernance de ce groupe coopératif. Depuis 2011, date à laquelle il est nommé directeur général de la Fondation caisses d'épargne pour la solidarité, il intervient dans le domaine du grand âge. Il a assuré à partir de 2012 des fonctions de conseiller à la Direction générale à la Caisse des dépôts et coordonné à ce titre la stratégie du Groupe Caisse des dépôts pour l'adaptation de ses métiers au vieillissement de la population et présidé le groupe de travail « Habitat mobilité » du Comité de filière silver économie. En 2016, il devient membre du directoire de la Fondation Partage & Vie puis président du directoire. À la suite de la modification des statuts de la Fondation, il est nommé directeur général en février 2020. En avril 2023, il décide d'exercer ses droits à la retraite et quitte la direction générale de Partage & Vie pour en devenir délégué aux relations institutionnelles. Il est également président de commission « Personnes âgées » de la FEHAP (Fédération des établissements hospitaliers et d'aide à la personne privés solidaires).

Anne Moszyk

Née en 1970 dans les Vosges, Anne Moszyk réalise un parcours professionnel riche et atypique. Ce premier parcours la mène à Annecy, puis Paris. En 2005, elle réalise une reconversion professionnelle et passe un DU, puis un DESS en gérontologie, sous la direction de Philippe Pitaud, à l'université Saint-Charles de Marseille. Sa nouvelle vie professionnelle la conduit à Paris. Fin 2009, elle est recrutée par la Fondation Partage & Vie pour l'ouverture d'un Ehpad dans le Nord et quitte Paris pour Lille. Quatre ans plus tard, on lui propose de prendre la direction de l'établissement de Dunkerque, un établissement médicosocial particulièrement intéressant et différent de par sa configuration architecturale, un « village gérontologique », regroupant une résidence autonomie et deux petites unités devenues Ehpad. La richesse des personnes accueillies et du projet a eu raison de son nomadisme, pour quelques années.

Anna Perraudin

Diplômée de Sciences Po Paris, Anna Perraudin rejoint la Fondation Partage & Vie en 2021 en tant que chargée de projets stratégie et organisation. C'est au cours de son master en affaires publiques qu'elle commence à s'intéresser aux questions sociales et aux politiques de santé publique. Particulièrement concernée par ces questions, elle a notamment, au cours de ses précédentes expériences, été assistante chargée d'études à l'Institut Montaigne, collaboratrice du préfet secrétaire général d'Île-de-France, chargée de mission à la chaire de philosophie à l'hôpital et consultante en stratégie et management auprès d'établissements de santé.

Jeannine Pépillo

Originaire de la région lyonnaise, Jeannine Pépillo est née à la fin des années 1930. Elle est mère de quatre enfants et grand-mère de plusieurs petits-enfants. Elle a exercé la profession d'infirmière, en parallèle de laquelle elle a toujours souhaité entretenir une vive réflexion sur ses pratiques professionnelles mais également son éthique de vie. Elle a, entre autres, suivi, en parallèle de ses activités professionnelles, un cursus universitaire en gérontologie sociale, et s'est consacrée, à sa retraite, à un travail très personnel sur le rapport au temps : *Que fait-on du temps gagné aujourd'hui ? Ou comment retrouver un rapport personnel au temps dans le quotidien ?* (septembre 2002). Aujourd'hui, encore, elle poursuit ses réflexions en écrivant sur ces thèmes qui lui tiennent à cœur.

Perla Servan-Schreiber

Née au Maroc, Perla Servan-Schreiber a 79 ans. Elle est mariée, sans enfants, grand-mère par alliance de huit petits-enfants.

Elle a d'abord fait des études de droit et de sciences politiques à Casablanca. Puis, à Paris, elle travaille pendant vingt ans dans la presse féminine (marketing et publicité) à *Elle* et *Marie-Claire*. Puis pendant 20 ans, elle est éditrice de magazines avec son mari Jean-Louis Servan-Schreiber : *Psychologies* (le plus gros succès de la presse féminine lancé en 1998 dans onze pays–dont la Chine) puis *CLES* en 2010.

Elle a publié sept essais et huit livres de cuisine, dont sa dernière collection de petits livres aux éditions de La Martinière : *Mes 77 secrets de vie, Mes 30 recettes d'été, 78 ans. Vieillir et vivre, Mes 20 soupes pour réchauffer le corps et l'âme, Tout chocolat, Mes 21 gâteaux et mousses…*

Depuis janvier 2023, elle publie une newsletter dominicale, un « goodmorningperla : un livre, un lieu, une rencontre, une recette, une pensée et toujours mon obsession, tisser des liens » http://goodmorningperla.net

Ce volume est publié sous la direction de :
Roger-Pol Droit

Philosophe et écrivain, normalien, agrégé de philosophie, docteur et habilité à diriger des recherches, il a été chercheur au CNRS, directeur de séminaires à Sciences Po, membre du Comité consultatif national d'éthique, conseiller spécial du directeur de l'Unesco et membre de l'Académie universelle des cultures.

Spécialiste des relations de la culture occidentale et des cultures non européennes, il est l'auteur d'une quarantaine de livres, traduits en trente-deux langues, qui se répartissent entre travaux de recherches (sur la découverte européenne du bouddhisme et sur la représentation des barbares des Grecs à nos jours), ouvrages de pédagogie (comme *L'Éthique expliquée à tout le monde* Seuil, 2009 ; *Une brève histoire de la philosophie*, Flammarion, 2008, « Champs », 2010 ; *Voyage dans les philosophies du monde*, Albin Michel, 2021) et des essais personnels (comme *101 expériences de philosophie quotidienne*, Odile Jacob, 2001, Prix de l'essai France Télévisions).

Il est également romancier (*Monsieur, je ne vous aime point. Voltaire et Rousseau, une amitié impossible*, Albin Michel 2019, prix Montesquieu) et auteur, avec Monique Atlan, de plusieurs essais sur les mutations contemporaines, notamment *Le Sens des limites* (Éditions de l'Observatoire, 2021). À son travail universitaire et personnel, il a conjugué toute sa vie un travail de journaliste. Chroniqueur au *Monde,* aux *Echos,* il intervient régulièrement dans *Le Point* et *l'Express.* Depuis 2019, il est conseiller pour la réflexion éthique de Partage & Vie, dont il conduit les travaux. Plus d'infos sur www.rpdroit.com.

Delphine Langlet,
Directrice générale de Partage & Vie

Agrégée de lettres modernes, titulaire d'un DEA de lettres modernes portant sur la marche dans la poésie contemporaine (*La Canne et la Plume*), diplômée du programme Grande école d'HEC Paris, majeure management public, Delphine Langlet a commencé sa carrière à l'Éducation nationale en tant que professeure agrégée de lettres modernes dans le secondaire et en classes préparatoires. Elle a, ensuite, exercé au sein du ministère de l'innovation en Grande-Bretagne (Department for business, innovation and skills), puis pendant huit ans à BearingPoint, un cabinet de conseil en stratégie et management. Elle y a notamment réalisé le pilotage opérationnel et stratégique de projets, développé une expertise thématique sur le champ du bien vieillir : études prospectives, mise en œuvre et déploiement de transformations, conception et préparation au déploiement de nouvelles offres de services, animation du centre de compétence « bien vieillir/silver economy » de BearingPoint.

En 2018, elle rejoint la Fondation Partage & Vie d'abord pour élaborer le projet stratégique « À nous le soin ! », puis assurer la fonction de directrice de la gouvernance, de l'organisation et de la stratégie. En mai 2023, elle est nommée directrice générale de Partage & Vie.

Remerciements

Nous tenons à exprimer notre plus vive reconnaissance à celles et ceux qui ont contribué, au sein de Partage & Vie, à rassembler les éléments de ce livre par leurs enquêtes au sein des établissements, et leur participation aux temps d'échanges organisés à partir des questions et dilemmes qui font leur quotidien.

Nous remercions particulièrement les personnes qui ont permis de réaliser ce quatrième volume de la Bibliothèque de Partage & Vie, notamment, au sein de Partage & Vie, Anna Perraudin, chargée de projet stratégie et organisation, Catherine Schwartz, directrice de la communication et le Pr Claude Jeandel, conseiller médical auprès du président du conseil d'administration de Partage & Vie.

Au magazine *Le Point*, partenaire des Estivales 2023, nous adressons nos remerciements à Sophie Gournay, responsable des partenariats, Anne Jeanblanc, journaliste santé qui a consacré plusieurs articles aux questions traitées dans ce livre et a conduit les débats des Estivales, et à Étienne Gernelle, directeur du journal.

Notre gratitude va enfin à l'équipe des Presses universitaires de France, notamment à l'équipe en charge de la conception éditoriale, au service de fabrication et au service de presse, pour leur professionnalisme.

La bibliothèque
Partage & Vie aux Puf

Cette série de volumes, dont le premier est paru en 2020, a pour vocation de rassembler des ensembles de témoignages, analyses, réflexions et propositions centrées sur les différents thèmes liés à l'éthique de l'accompagnement quotidien des personnes fragiles.

VOLUME 1
L'ÉTHIQUE DU GRAND ÂGE A L'ÉPREUVE DE LA CRISE (Puf, 2020)
Sous la direction de Dominique Monneron
et Roger-Pol Droit

Préface, Dominique Monneron
Crise et discernement, Roger-Pol Droit

Témoignages sur la vie en Ehpad au temps de la Covid
- *La sœur résidente et le cousin philosophe*, Denise Maréchal et Pierre-Henri Tavoillot
- *Je protège, donc je nuis ? Lettre d'une directrice d'Ehpad*, Lynda Gaillard-Tersin
- *Les gestes et le toucher*, Hakim Belkacem

- *Quand notre peur de la mort nous fait oublier leur vie…* Marie-Odile Vincent

Fin de vie dans la pandémie
- *Fin de vie confinée en Ehpad*, Didier Sicard
- *Enjeux éthiques et accès aux soins à la lumière de la Covid*, Claude Jeandel
- *Survivre sans contact ?*, Claudine Tiercelin

À la recherche de solutions
- *Enfermement et vulnérabilité*, Corine Pelluchon
- *La fin de vie, la souffrance temporelle et comment y répondre*, Frédéric Worms
- *Comment écouter autrement les malades d'Alzheimer en temps de Covid*, Véronique Lefebvre des Noettes
- *Soutien à l'autonomie des personnes âgées ou en situation de handicap : quelques éléments de réflexion*, Alain Cordier
- *Éthique de la vie en Ehpad*, Axel Kahn

Du vieillissement et de la résilience
- *Qu'est-ce que vieillir ? Huit questions importantes pour comprendre le vieillissement*, Yves Agid
- *Résilience au cours de la vieillesse*, Boris Cyrulnik

Au risque des discriminations
- *L'âge pour mourir au temps de la Covid*, Monique Canto-Sperber
- *Le risque discriminatoire de l'âge*, Marie de Hennezel
- *Le prix de la vie contre la valeur de l'existence*, Pascal Bruckner
- *La mise à l'épreuve*, Dominique Monneron

VOLUME 2
VIE BONNE ET GRAND ÂGE (Puf, 2021)
Sous la direction de Roger-Pol Droit
et Claude Jeandel

- *Après la crise : un retour à la valeur fondamentale de liberté ?*, Anne-Laure Dubois, Dr Christine Passerat
- *L'intergénérationnel contre l'âgisme*, Véronique Levieux
- *Un grand et nécessaire chambardement*, Agnès Firmin-Le Bodo
- *Sur le chemin de la vie bonne*, Dominique Monneron
- *L'effort à poursuivre*, postface de Claude Jeandel

Annexes
- *Éthique de la vie en Ehpad*, Axel Kahn
- Partage & Vie et ses travaux de réflexion éthique

VOLUME 3
DROIT, ÉTHIQUE
ET DÉPENDANCE (Puf, 2022)
Sous la direction de Roger-Pol Droit
et Karine Lefeuvre

Construire à plusieurs, introduction de Roger-Pol Droit

AU QUOTIDIEN, tensions vécues entre le droit et l'éthique : témoignages et réflexions
- La règle et l'exception
- *L'entrée en Ehpad, premier indicateur du niveau de considération des droits des résident(e)s*, Séverine Laboue
- *Quel consensus entre droit et éthique en Ehpad ? Une directrice face à la question des libertés en temps de crise sanitaire*, Sophie Malapel
- *Vie affective et sexuelle, entre consentement et incertitude*, Florence Bernard

- *Témoignage sur les dialogues au quotidien avec les familles*, Catherine Bourlet
- *N'oublions pas les aidants ! D'une expérience personnelle à la compréhension d'une question sociale*, Nathalie Levy
- *Éthique et droit en situation de dépendance : de la limite des limitations ou les limites de nos capacités en situation incertaine. Illustration à partir de deux situations concrètes*, Claude Jeandel

DU CÔTÉ DES LOIS :
Évolutions du droit, questions à résoudre

- Comprendre le droit comme une science humaine
- *Le vrai rôle du droit, l'esprit des lois, les arbitrages*, Anne Caron-Déglise
- *Le droit est une science humaine. Une évolution du droit positif guidée par l'intérêt supérieur du résident*, Nathalie Jauffret

QUELLES PERSPECTIVES ? :
Diagnostics, propositions

- Présentation. Faire coexister éthique et droit
- *Accompagne-t-on bien en Ehpad en respectant le droit ?*, Didier Sicard
- *Quand le devoir se heurte au droit*, Paul Audi
- *Entre droit à mourir et droit à s'épanouir*, Anne-Lyse Chabert
- *Relancer la réflexion éthique en établissement pour mieux comprendre le rapport au droit*, Karine Lefeuvre
- *Pour un droit du grand âge conforme à l'éthique*, Dominique Monneron

Table

DEUXIÈME PARTIE

Savoirs indispensables

TROISIÈME PARTIE

Préjugés à dissoudre

Composition et mise en pages
Nord Compo à Villeneuve-d'Ascq

PEFC
10-31-3532

Certifié PEFC

Ce produit est issu de forêts gérées durablement et de sources contrôlées

www.pefc-france.org

Imprimé en France sur papiers
issus de forêts gérées durablement

Sepec Numérique

1, rue de Prony - ZA des Bruyères
01960 Peronnas

IMPRIM'VERT®

Achevé d'imprimer en octobre 2023
Numéro d'impression : N17932231099